フロイトの情熱

精神分析運動と芸術

比嘉徹徳

FREUD'S PASSION:
THE PSYCHOANALYTIC MOVEMENT AND ART
TETSUNORI HIGA

以文社

フロイトの情熱　目次

凡例

一、フロイトによる著作の引用は、フィッシャー社の全集（Gesammelte Werke）を底本とし、アラビア数字で巻数・頁数を記す。これに対応する岩波書店版フロイト全集の巻数・頁数は漢数字で記す。訳文は原則的に筆者によるものである。

一、フロイトの著作は、初出年を記し、同年に複数あるときはアルファベットを付している。

一、これ以外の外国語文献の引用において、既訳のあるものは可能な限りこれを参照したが、本文の文脈に即して（大幅に）改変した箇所がある。

一、引用文中の［　］は、筆者による補足を、……は中略を示す。

一、註内では、文献一覧における筆者名、初出年、頁数（邦訳があるときはその頁数）を略記している。

フロイトの情熱

精神分析運動と芸術

序

情熱の理路

フロイトはなぜ精神分析を運動として展開したのか。フロイトは、精神分析を数あるうちの一つの精神療法にとどめ、彼だけの理論に収めておこうとはしなかった。ヒステリーや神経症の単なる治療法として精神分析があるわけではないことを、フロイトは繰り返し強調している。精神分析が「それ以上の何か」であることをフロイトは望んでいた。また精神分析運動は、単にその方法論の支持者を拡大することを目的にしてもいなかった。フロイトは、精神分析の生き残りをかけて運動を開始したが、単にそれが存続すればいいとも考えてはいなかった。運動の中で、フロイトがカール・グスタフ・ユンクに精神分析の未来を委ねようとした瞬間、ユンクによる精神分析の歪曲以上に、この「何か」がそこに欠けていることをフロイトは問題にし、結局ユンクと袂を分かつことになる。

フロイトが精神分析の新しさと独自性を主張したとき、その運動は依拠すべきモデルを持ちえず、基本的にフロイトの孤独な歩みにおける試行錯誤をとりあえず唯一の源泉にせざるを得なかった。フロイトは国際精神分析協会の第二回ニュルンベルク大会（一九一〇）を終えたとき、シャーンドル・フェレンツィに宛てた四月三日の手紙で、この時点で「われわれの運動の幼児期が終わる」と述べている。[*1] 第一回ザルツブルク大会（一九〇八）がほぼ私的な集まりに過ぎなかったのに対して、このニュルンベルク大会では、多くの「外国人」が参加し、協会が正式に設立され、「規約」が採択されることで、精神分析運動は明確に制度化への歩みを進める。フェレンツィが協会設立の提案講演を行っているが（『精神分析運動の組織化について』[*2]）、この報告を基点に、ウィーンの愛弟子オットー・ランクは早くも精神分析の歴史を区分けしている。ランクは、この大会以前を「英雄の時代」と呼ぶ。この時代に、フロイトが「たった一人で」精神分析の基礎的な作品を紡いでいる。それはフロイトが自らを当時の英国になぞらえて「輝かしい孤立」と呼んだ期間である。

輝かしい孤立は、利点と魅力とを持たないわけではなかった。私は読むべき文献を持たなかったし、誤った情報を与えられた敵について耳にすることもなかったばかりか、誰の影響も受けず、何者かに迫害もされなかった。[*3]

この孤独の時代を経て、ようやく精神分析は運動として緒に就き、そしてこれから「組織化」

の時代がやってくる。国際精神分析協会の設立は、治療を「体系化」すること、分析家を「管理」すること、組織を作り、大会運営ならびに機関誌発行を促すものであると、フェレンツィの発表を受けてランクはコメントする。[*4] ランクがフロイトの孤独時代と呼ぶ期間に、フロイトは精神分析に関心を持った者たちと「水曜心理学会」という小さなサークルを営んでいた。しかし、いよいよ運動として精神分析を展開するに当たって、フロイトはこの会の解散を宣言する。それは、休暇で訪れたローマからの手紙（一九〇七年九月二二日）でのことである。

親愛なる同僚の皆様、

皆様にお伝えします。毎週水曜拙宅にて開かれ、皆さんが所属してきたこの小さな集まりを、この新年度の始まりをもって解散し、間を置かず新たに団体を創設することに私は決めました。[*5]

＊1　Haynal hrsg. (1993), I/1, S.235.
＊2　第一章でこの講演について考察する。
＊3　Freud (1914a), GW X, S.60,（一二）六〇頁。以下、訳文は基本的に筆者によるものである。岩波版フロイト全集の巻数と頁数をその下に付す。
＊4　O. Rank (1910).
＊5　Wittenberger (1995), S.34 からここでは重引した。

そして解散と同時に、新団体がすぐに設立されることが通告され、ほとんどのメンバーがそのまま新たに設立された協会に加入したのだった。すなわち、国際精神分析協会が創設され、ウィーン精神分析協会はその一地方支部として再開したのである。[*6] フロイトは、ウィーンという地域性と、そのメンバーのほとんどがユダヤ人であるという「民族的」限界を超えるために水曜会を解散させた（この点について、第一章で改めて考察する）。フロイトは、既に精神分析の遺産をどう継承するかを考えていた。フロイトはこのとき五一歳である。フロイトが精神分析を「運動」と初めて呼んだのは、水曜会の解散から約半年後の一九〇八年二月一八日のユンク宛の手紙でのことである。[*7]

水曜会の解散に見られるように、フロイトの精神分析運動への移行は周到な準備に基づいているように見える。とはいえ、フロイトが運動に向けた情熱には、常に曖昧さが付きまとうこともまた事実である。ユンクとの決裂の後、精神分析運動は、フロイトを囲む「委員会」が担うことになる。精神分析が単なる治療法でも学説でもなく、運動としての側面を持つこと、その「奇妙」さをフロムは次のように述べている。

精神分析運動とは、何という奇妙な現象であろう。精神分析は一種の精神療法、神経症の治療法であるが、同時に一つの心理学説、すなわち人間性についての……一般理論である。いったい自らを、秘密委員会によって中央集権的に指令を下し、異端的会員は粛正し、国際的な超組織の下に各国の下部組織を抱え込んでいる運動に変貌させていった精神療法ないしは科学的理論が他にあるだろうか。[*8]

ここでフロムは、精神分析運動の「奇妙」さを、フロイトの「権威主義」や男性〈同僚、友人、取り巻き〉への依存性その他の、彼の性格に還元している。しかしわれわれの考えでは、精神分析運動をフロイトのパーソナリティに帰することによって、まさにその運動としての側面がすべて等閑視されてしまうことになる。

「フロイトの体験」の反復としての精神分析

精神分析を制度化しようとする試みはことごとく挫折してしまう。それはフロイトという個人の体験が精神分析に刻印されているからであり、フロイトという固有名とその根源で縒り合

＊6　水曜会に集っていたアルフレッド・アドラーやヴィルヘルム・シュテーケルは、社会民主主義者であった。彼らはフロイトとともに精神分析の唯一の中心にいるという優越感を抱いていたが、精神分析運動が展開していくにつれて、運動の一支部へと格下げされるということを経験することになる。フロイトは穴埋めにウィーン派に一つの雑誌の編集権を任せるが、長くは続かなかった。

＊7　ヴィッテンベルガーの指摘による。G. Wittenberger (1988), S.44.

＊8　Fromm(1978=2000), 一二三―四頁、Bettelheim (1992), 九〇頁。

わさっているからである。後で取り上げるように、最初に採択された国際精神分析協会の「規約」の目標という項目には「フロイトによって設立された精神分析的科学」を発展させることという文言が読まれる。[*9]

制度化するためには、フロイトが精神分析を開始するに至った体験を、いかにそれが特権的なものであれ、精神分析の「発展」の中で相対化し一つのサンプルとして扱うことが必要であろう。精神分析を治療法として洗練させ、効率化するためには、フロイトの理論と臨床上の洞察を無謬のものとして保存し保護しておくわけにはいかない。それは、訂正され、更新され、場合によっては捨て去られるべきものであるはずだ。フロイトには臨床上の失敗を疑わせる症例がいくつもあるのもまた事実である。[*10] しかし精神分析におけるセッションが、それぞれ個別で単独の体験であり、容易に類型化や一般化を許さないものであるという、まさにその内在的な性質と同じ理由によって、フロイトが精神分析を生み出したその過程も類を見ない単独の行程であった。

人はフロイトが精神分析を開始するに至る、先行する諸潮流からの様々な影響について論じることができる。西欧における精神医学の伝統の中に精神分析を位置づけることができるであろうし、また、一九世紀末のウィーンという地理的、時代的な特殊性や、彼のユダヤ人としてのアイデンティティからの読解も可能である。現に多くの、そして有意義な研究がある。しかしながら、そこには常に「何か」が足りない。それらはフロイトを精神分析運動に駆り立てた

「情熱」を決して明らかにすることがない。ただし私は、フロイト個人を英雄や天才として論じたいわけではない。精神分析とフロイトとの関係について、ゲルハルト・ヴィッテンベルガーは次のように述べている。「精神分析についての批判的考察は、ほとんど自動的にフロイトという人物の考察となってしまう。というのも、いかなる科学的理論もその社会的現象形式も、精神分析のそれのようにたった一人の人物に即して決定されることはないからである。それは、精神分析の創造者がいわば英雄的人間として仕立て上げられ、非難の余地のないものとなるという結果をもたらす」[*11]。先に引用したフロムに典型的であるが、フロイト個人に迫ることでその評価を引き下げようとして明らかになるのは、依然としてフロイトが精神分析そのものにとって特別な存在であるということである。無意識の秘密を明らかにした「偉人」であれ、あるいは「コカイン中毒者」であれ、いずれにせよ精神分析の内実を決定するのはフロイトであることを確認しているに過ぎない。

精神分析とは何であるかを、フロイトの個人史によって理解しようとする一連の試みは、ある意味において、精神分析からフロイトという個人を分離することが不可能であるということを前提にしている。フロイトの生活史や家族——とりわけ父親（ヤコブ・フロイト）——との関

＊9　補遺Aを参照せよ。
＊10　例えば、狼男症例で知られるセルゲイ・パンケーエフの例など（オプフォルツァー（2001））。
＊11　G. Wittenberger (1995), S.47.

係が、殊更に精神分析のあり方を左右するものであるように語られる。あるいは「精神分析的」な方法で、フロイトの伝記的な事実の中から精神分析を特徴づけている要素を見いだすことがそこで飽くことなく試みられる。

しかしながら精神分析にとってフロイトが欠かすことのできない存在であるというとき、そしてフロイト個人の体験が精神分析の核に埋め込まれているというとき、問題となるのは、この種の研究で語られるフロイトの性格や個人史ではない。私が問題にしたいのは、精神分析に埋め込まれたある「構造」である。

アンリ・エレンベルガー［エランベルジェ］は、フロイトの精神分析を端的に次のように表現している。

精神分析が他の精神療法とは本質的に異なっているのは、患者が弱められた形で、また専門家の指導のもとにではあれ、フロイト自身の創造的病いの経験を反復するということである。[*12]

私が「構造」と呼んでいるのは、エランベルジェがこの引用で述べている「反復の構造」のことである。被分析者（患者）は、そのセッションにおいて彼／女自身の症状に取り組んでいるまさにそのとき、フロイトの体験を反復する。もちろん、症状が異なる以上、フロイトが見たのと同じものを彼／女が見るわけではないだろう。それにもかかわらず、それは「フロイト的体験」としか呼べないものである。一八九四年から一八九九年までの間に、フロイトは、ベルリンの耳鼻咽喉科医ヴィルヘルム・フリースとの親密な関係の中で自己分析を行い、彼自身の神経症の治療を試みた。その間に父ヤコブの死があり（一八九六年一〇月）、その反動あるいは喪の中で『夢解釈』が書かれる。この自己分析の遂行は、その弟子アーネスト・ジョーンズのように、精神分析の誕生につながる「人類史上たった一度だけ生じた事柄」であったと述べることをたとえ留保するにせよ、ある特異な出来事であったことは確かだろう。エランベルジェが「創造の病い」と呼ぶのは、抑鬱、心身症、あるいは精神病の形を取って現れる、あるアイディアやある種の真理を追い求める「強烈な専心 intense preoccupation」である。[*13] 強い孤立感の中で経験されるのこの受苦《ライデンシャフト》は、ときに職業や家族生活、社会生活に支障を来さずにひっそり進行していく。この苦しい体験を通じて、稀に極めて創造的な事業が達せられる。エランベルジェによれば、「創造の病い」は通常の疾病分類に入らない。「創造の病い」の中では、その混濁した意識において、過去・現在・未来が一望の下に収められ、体験や知識の「思いがけない結合」が生じる。[*14] フロイトは『夢解釈』をフリースとの、多分に同性愛的な雰囲気を持つ関係の中で書き綴っていた。それはフロイトの自己分析が夢の解釈を通じて進展した時期であった

＊12　H. Ellenberger (1970), p.524,（下）一二二頁。
＊13　Ibid., p.447-8, 三五頁。

が、そのときフロイトは、書くことのできない「麻痺」状態と創造性が高まる状態とを繰り返していた。[*15]『夢解釈』の第七章をフリースに送った手紙の中で、フロイトはそれを「無意識にしたがって書いた」と述べている。さらに、内容が最終的にどのような形になるのか自分でも見当がつかないとも述べられている。[*16]パトリック・マホーニィは、フロイトの書き方について、それが「進行処理的」であり、「ディアタクシス diataxis」的であると述べている。すなわち、フロイトの文体は、書きながら常に新たな秩序を割り込ませ、その秩序が中断され、新たな配列が構築されている。[*17]

同時にエランベルジェは、フロイトの精神分析が彼以前の催眠や他のいくつもの潮流の寄せ集めであることを示している。「実のところ、フロイトの理論の多くは彼以前に知られており、当時の潮流に属している」。彼はこれら多くの潮流を、師や同僚、友人たちから「総合」したのだった。[*18]同様に『精神分析学の誕生』のシェルトークとR・ド・ソシュールも、精神分析を一八世紀以来の精神医学の歴史の中に収めてみせる。[*19]

他方において、にもかかわらず、精神分析にはその「前史」に還元できない要素があることをエランベルジェは示唆する。精神分析は、いかに形が異なってもフロイトの「創造の病い」を反復するように構造化されている。エランベルジェは、「創造の病い」という局面が「多形的状態 polymorphous condition」であり、いくつもの解釈や読解を誘発するものであると述べる。[*20]

実際、フロイトの「創造の病い」を育んだフリースとの関係は、膨大な量の書簡からその内実を知ることができるが、未だに多くの読解を許すものとして読み継がれている。そこには、捨てられてしまった様々なアイディア、着想が散りばめられており、後にフロイト自身によって精神分析的でないものとして否認された「誘惑理論」などを含んでいる。[*21] それは、ありえたかもしれない精神分析を想像させるものであり、精神分析の同一性――何が精神分析をそれたらしめるのか――に変更を迫るものとも取りうる。例えば、精神分析を催眠療法からの切断と

＊14　フロイト以外に、「創造の病い」の例としてエランベルジェが挙げているのは、ノヴァーリス、ニーチェ、フェヒナー、ユンクである。中井久夫は、これにサイバネティクスのノーバート・ウィーナーと社会学者マックス・ウェーバーを加えてもよいだろうと述べている。しかし「創造の病い」から生まれるものは、往々にして「マイナー」なものに留まる（中井久夫［2001］、五九―六四頁）。フェヒナーの精神物理学についての精神分析的解釈はイムレ・ヘルマンに詳しい（Imre Hermann, 1926）。

＊15　Anzieu (1971).

＊16　Masson / Schröter hrsg. (1999), S.171, Anzieu (1986), p.274.

＊17　Mahony (1982=1996), 一五頁。マホーニィは以下のようにディアタクシスを定義している「『ディアタクシス』は文法用語である破格構文（anacoluthon）に結びつくかもしれない。それは、新しい考えを流れの真ん中に導入するとき、始まりの文法構造を未完結のまま放置する統語的構造の変化である」（一三三頁）。

＊18　Ellenberger (1970), ibid., p.534,（下）一三四頁。

＊19　L. Chrtok / R. de Saussure (1987).

＊20　H.Ellenberger(1970), ibid., p.447,（下）三五頁。

＊21　フロイトに捨てられたアイディアとはいえ、シャーンドル・フェレンツィからジャン・ラプランシュに至るまで誘惑論は何度も論じられてきた。

して考えるべきか、それとも連続性を見るべきなのかという論点は今なお繰り返し論じられている。フロイト自身は、ある時には切断を強調し、ある時にはいかにも曖昧に催眠と精神分析の親和性を是認する。[*22] そのフロイトの体験を反復する精神分析という営みは、それが何を目指すものであるのか、そもそも何が真の精神分析であるかをめぐって、フロイトの時代から論争と分派を繰り返してきた。まさしく、それはいくつもの形態を採り、その理解においても実践においても多形的であり続けている。オックスフォード英語辞典（ＯＥＤ）によれば“polymorphous”は、一般的な意味においては「多くの、種々の形態を持つこと」であり、以下、生物学、化学、鉱物学、音楽等々におけるその用法が説明されている。[*23] 例えば、動植物が発育段階において様々な形態を採ることを指し、化学においては同じ組成を持ちながら構造が異なる同質二形や同質三形の結晶、さらには音楽における対位法（同じ主題の様々な扱い）が挙げられている。われわれにとって興味深いのは、その最後にＯＥＤがジグムント・フロイトの名を『ヒステリー研究』や『性理論三篇』の著者として挙げ、「心理学」における「多形倒錯」の用法を掲載していることである。フロイトの「創造の病い」を「多形的」とエランベルジュが形容したのを受けて追跡して行った先で、われわれはフロイトに再び出会うわけである。フロイトの言う「多形倒錯」とは、大人の「正常」な性欲動（異性愛的かつ性器による快を目標にする性行為）に対比される、幼児の性欲動の対象（Objekt）におけるその多様性と目標（Ziel）の雑多性を意味している。このように“polymorphous”の含意するところを見るとき、「多形状態」としてのフロイトの「創造の病い」は、単にそれが一般的な意味おいて多様な意味を持つということのみならず、その含意するところがフロイト自身の生み出した概念へと再び返されるという奇妙な円環を描くことになる。つまり、フロイトが精神分析を生み出した「創造の病い」がいかなるものであるかは、その外側から見ることによってではなく、彼がその中で生み出したテクストと概念を参照しなければその内実が明らかにならない。エランベルジェが、「創造の病い」を形容するのに「多形的」という語を用いるとき、フロイトの著作に深く精通した彼がフロイトの「多形的倒錯」という概念を知らないということはまず考えられない。仮にそれがさして意図されたものでないなら、なおさらわれわれはOEDが示すこの「多形的」という形容詞の歴史を真剣に受け取らねばならない。いずれにしても、既にわれわれは自己言及的な精神分析の構造の中に足を踏み入れている。

精神分析がフロイトの体験の反復であると言うとき、それはオリジナルの体験そのものが既に「多形的」かつ「同質異像」であるものの反復であるだろう。[24] 精神分析は、まさにフロイトの経験の反復を通じて、通常の治癒に限定されない——まさに「多形的」な——別の何かに至

＊22 自由連想における「心的エネルギーの配置」をめぐって、フロイトは催眠との近さに言及する。第三章でこの点に触れる。
＊23 Oxford English Dictionary, second edition on CD Rom version 3.0, 2002.
＊24 転移における反復概念について、第二章で詳述する。

る可能性に賭ける試みである。フロイトと精神分析が分離不可能であるというのは、この意味においてである。問わねばならないのは、精神分析のこのような「構造」がどこから生まれたのかである。それは単に寝椅子やその背後の分析家という配置や、自由連想や解釈等々といったセッションの方法だけが決定するものではない。われわれは再度フロイトのテクストに戻ることによって、それを明かす手がかりを得るだろう。

われわれは精神医学の歴史の中にフロイトの体験を位置づけ、そのコンテクストの中で精神分析を論じる方法とは別の道を採る。すなわち、あくまでフロイトのテクストと精神分析運動に内在しつつ、精神分析を規定しているものを追跡し、フロイトが精神分析に傾けた情熱を読み解くという方法である。ジャック・ラカンは、ヒステリーの欲望と精神分析の関係を述べている箇所で、「フロイト自身の欲望」には、かつて分析されたことのない何かがあると述べている。「こうしてヒステリー者は、いうなれば精神分析のある種の原罪の痕跡へとわれわれを導きます。原罪が一つあるはずです。真理はたった一つのことにすぎません。つまりフロイト自身の欲望です。言い換えれば、フロイトの中で何かが一度も分析されなかったということです」[*25]。ある意味において、ここでラカンが述べている「フロイトの欲望」こそ私がここで解明したいと思っているものである。その際、私は、フロイトが芸術——詩、小説、彫刻、写真——を、精神分析の根幹となるアイディアの模範としていることを論じる。フロイトが芸術を参照するとき、それはまた精神分析の方法論をめぐる問いに深く関わっていることを示す。芸術家の方法は、フロイトにとって、彼が解明しようとしている「真理」に至る、その途中までの同伴者である。フロイトにとっての芸術とは、「現実」――文化の中の居心地悪さ――を生きる上での一つの欲動のあり方を示しており、理念を提供するものであるが、精神分析はそれ独自の方法でさらにその先に到達しうるとフロイトは信じている。フロイトの情熱は常に、芸術をその内に含みつつさらなる運動へと向かう。

精神分析運動が一九一四年に危機的局面を迎えたとき、ふとフロイトは、精神分析への「情熱 **Leidenschaft**」を自分の元に留めておいた方がよかったのではないかと告白している。「私がこの情熱を私の元にそして私の周囲で成り行きに任せていたなら、あるいは、多くの方向から見てよかったのかもしれない」[*26]。もちろんフロイトがこの運動を止めることはなかった。フロイトはあらゆる方法を模索しながら、「精神分析の種子 **Same deræA**」を遠くへ運ぶために力を尽くしたのだった[*27]。

＊25 Lacan (1966), p.16, 一六頁。十川（二〇〇〇）の第二章も参照のこと。
＊26 Freud (1914), S.80, （一三）八一頁。
＊27 Haynal hrsg. (1993) Freud / Ferenczi, 5. Jan. 1913, I/2, S.188.

第一章　運動主体の構築

社会がすぐにわれわれの権威を認めることはないだろう。社会はわれわれに対して抵抗せざるをえない。というのも、われわれが社会に対して批判的に振る舞っているからだ。……われわれが幻想を破壊するという理由で、われわれが理想を危機に陥れていると、われわれは非難されることになる。[*1]

精神分析は運動である。精神分析は制度化に失敗し続けており、しかし、そのことによって生き延びてきたと言ってよい。むしろ制度化はある意味で精神分析の失敗であり、制度化の失敗こそ、精神分析を駆動《ドライヴ》し続けてきた。

運動は「主体」であることを要請する。以下で見るように、フロイトが精神分析運動を開始したときにも、運動の主体を構築しなければならない局面が間違いなく訪れた。この章で最初に見るのは、その局面である。しかし他方で、精神分析において、運動の主体を制度として保存し、永続化させようとしても、今度は精神分析そのものが制度化に抵抗することになる。精神分析は、その成り立ちにおいて、そしてその内的構造において、制度化を不可能にする要素を含んでいる。精神分析を制度化することの不可能性が、再び精神分析を運動の側へ返してしまう。精神分析という「学 discipline」——さしあたって「科学」という語を回避しておこう——の構造的な問題が、おそらくここにある。

『精神分析運動の歴史のために』(以下『運動史』と略記する)は、運動が危機を迎えたときに書かれた。その主題は、端的に精神分析運動の主体となることについてである。この文章は同時に、精神分析のある特異性を理解する手がかりを与えてくれる。すなわち、精神分析が何より運動であるということ、そして、それが構造的に「フロイト」という名と結びついた学であるということである。

もちろん一読すれば明らかなように、『運動史』は、カール・グスタフ・ユンクやアルフレッド・アドラーらに対する批判と決別を宣言することを目的に書かれている(フロイトはこのテクストを後の「委員会」の同志たちへの書簡の中で「爆弾」と呼んでいる[*2])。ユンクとアドラーが、リビドーの概念や抑圧理論といった精神分析の「原則」を拒絶し、そこからいかに逸脱しているかをフロイトは論じている。しかしここで見たいのは、このような精神分析の「原則」からの「逸脱」がどのようなものであったかではない。

運動の路線上の問題に発する、特定個人への批判とは別に、このテクストは何より精神分析運動の主体を立ち上げようとしている。これは、フロイトがユンクに対して精神分析を「運動」

という言葉を用いて熱っぽく語ってから、わずか六年後の総括である。ここでフロイトは、彼が始めた精神分析を改めて運動として記述し、この運動の主体を「生成史」という叙述のスタイルにおいて構築する。精神分析とはそもそも何なのかを理解するには、「体系的叙述」は馴染まない。さして理由を述べることもなくこのように断って、フロイトは、精神分析を理解するにはその「生成史の展開」を見るのが最善であると断じる。[*3] 精神分析が生まれてくる過程を語る「生成史」は、フロイト個人の体験と深く結びついている。人は、フロイトのこの体験を知ることなしに、精神分析を理解することはない。フロイトの自伝的要素と精神分析という学は、解きがたく絡まり合っている。フロイトの体験は、精神分析理論と臨床にとって、欄外のエピソードではなく、精神分析そのものを規定している根幹にあるものなのである。「体系的叙述」

＊1　Freud (1910a), S.111,（一一）一九九頁。

＊2　フロイトは一九一二年一一月に『精神分析精神療法中央誌』の発行人から降りている。この『中央誌』は、ウィーンでフロイトが毎週開いていた水曜心理学会に参加していた古株たちに任されていたものである。ヴィルヘルム・シュテーケルが編集人であったこの機関誌は、ユンクにあらゆる重職が与えられたことの「埋め合わせ」という意味があった。そして一九一三年、『精神分析・精神病理研究年鑑』（第五号）の発行人からオイゲン・ブロイラーが、そして編集人からユンクが降りる。巻末に両者の退任の辞があり、翌年の次号から発行人フロイトのもと、カール・アブラハムとE・ヒッチュマンが編集人に就くことが予告されている。『運動史』は、フロイトが編集権を奪い返した『精神分析・精神病理研究年鑑』（第六号）に掲載された。

＊3　Freud (1914a), S. 59,（一三）五九頁。

——それは後に制度化した精神分析がカリキュラムとして消化することを要請したものであった[*4]——では、決して精神分析を学び得ない。フロイトは「生成史」という語りのスタイルで、精神分析の主体を構築してみせる。運動の危機という局面において、何より要求されているのは、基本概念の定義以上に、精神分析運動を担いうる主体を提示することであった。「体系的叙述」は決して主体の構築に十分ではない。それに対して「生成史」は、原初的な動き、決して体系化されない——体系化した後で消去されてしまう——ダイナミズムを追跡しようとする。

精神分析運動の原光景

精神分析は、フロイトが開始したにもかかわらず、フロイト以外の他者たちとの関係なしにはありえなかった。このことは、なるほど、当然のことのように思われる。精神分析史の多くの研究が、シャルコーの催眠療法や同じく催眠を用いたナンシー学派からの「影響」について論じ、さらに大きな精神療法の歴史の中に精神分析を収めている。フロイトは、一八八五年十月から五ヶ月間シャルコーの火曜講義に参加している。フロイトが生涯を通じて敬意を失うことがなかったシャルコーは、催眠をヒステリーの病理的条件と考えていたが、他方でフロイトは、暗示によって誰でも催眠にかかるとするナンシー学派（A・A・リエボー、H・ベルネーム）にもフロイトは接近した。一八八九年にフロイトはフランスのナンシーにベルネームとリエボーを訪問し、彼らが催眠状態の患者に経験したことを想起させたことに大きな感銘を受けている。その前年にフロイトはベルネームの『暗示とその治療への適用について』を訳してもいる。

しかしながら、フロイトが『運動史』の中で語っていることは、正確にはこのような影響関係や先人の知的遺産の恩義についてでない。フロイトが論じるのは、直接、間接の影響関係に決して還元されない精神分析の起源である。この起源は、経験的な通常の時間軸上に置かれることを拒否するものである。それは語りの中の、抽象的と呼ぶしかない時間の中で生起するものとして描かれている。

フロイトは、精神分析のもとになるアイディアが、本来自分のものであったわけではなく、三人の人物から伝えられたものであったと述べる。

私に責任があるとされた考えは、私の中に生じてきたわけではなかった。これは、その見解が心からの尊敬をもって評価されるべき三人の人物から、こっそり私に告げられたものであった……。[*5]

＊4 「補遺B」に採録したベルリン精神分析協会の「授業・養成活動一般のための要綱」を参照せよ。
＊5 Freud (1914a), S. 50,（一三）四九頁。

フロイトが名指している三人とは、ヨーゼフ・ブロイアー、ジャン＝マルティン・シャルコー、ルドルフ・フローバクである。「カタルシス療法」を開始し、フロイトに乞われて『ヒステリー研究』を共著で出版した先輩ブロイアー。そしてパリ留学時代に催眠という現象を目の当たりにさせた師シャルコー。最後は、ウィーンの「最も卓越した」産婦人科医であったフローバクである。「これら三人すべてが、厳密には彼ら自身が持っていなかった、ひとつの洞察を、私に伝えた」[*6]。ここで言われている、精神分析をフロイトに開始させたアイディアとは、神経症には性生活（Sexualleben）が関係しているという性的病因論である。それは「真剣に十分価値づけられたとは到底言えない」議論であった。このアイディアは、フロイトの所有するものではなかっただけでなく、それをフロイトに伝えたところの三人のものでもなかった。彼らのうち二人（ブロイアー、フローバク）は実際それを否認し、残りの一人（シャルコー）ももし生きていたなら同様の反応であっただろうとフロイトは述べる。

それにもかかわらず三人が三人とも同じことを私に語って聞かせたのだ、とフロイトはその場面を再現してみせる。ヒステリーにおいてセクシュアリティが常に関係しているという「この同一の報告」が、フロイトに先行する三人からもたらされる。ブロイアーがフロイトとの散歩の途中で、かつての女性患者の夫と出会い、しばらくの立ち話の後にフロイトに語った言葉。問題は常に夫婦の寝床にあるのだ。そしてシャルコーが呟いた言葉。「こんな場合、それは常に性的なことなのだ。常に、常に」。フローバクは、不安発作に苦しむ女性に必要なのは性的満足であると、品を欠いた語り口で「ノーマルなペニスを繰り返し服用のこと」と放言してフロイトを驚かせる。

　ヒステリーにおける病因が性的なものに関わるという「知見」、その内容もさることながら、フロイトが彼ら三人から同一のことを聴取したということが、ここで重要である。彼らがみな同じことを語っているというこの聴取の場面が、精神分析の主体をつくるのである。実際に彼らがこのようなことをフロイトに語ったのか否かとはまったく別のレヴェルの操作が、ここにある。ただしこの操作は、「作為」ではない。それは行為遂行的な操作であって、主体の構築に不可欠なものだ。性的病因論という人間についての根源的規定、それが精神分析が依って立つテーゼであって、これに服従することが精神分析の主体をつくる。注意すべきは、これが単なる学説の受容や影響関係とは異なるということである。

　フロイトは注意深く、ブロイアーにせよシャルコーにせよ、彼らが話していること（発話内容）と彼ら自身（発話行為の主体）とを分離してみせる。分離とはすなわち、語った事柄が自らに属することを彼らが否認したという事態である。この分離、乖離を指摘することによって、フロイトが強調しようとしているのは、彼らは自分の話していることの本当の帰結を知らない、ということである。これこそ最も簡潔な精神分析的無意識の定義でなくて何であろう。同時に

＊6　Ibid., S.50. 強調引用者、（一三）五〇頁。

フロイトは、性的病因論というこの「破廉恥な考え」が、彼らによってもたらされたとしながら、フロイト自身の中でも意識されることなく異物のように「隠れ潜んでいた」と述べる。精神分析の起源は、他者たちに由来する知見を完全に遂行してみせる勇気に求められる。

この聴取――その場面の再現――が、精神分析運動の主体形成の下地を作る。三人がそれぞれに述べたことを同じこととして聴き取り、さらに、言われたことの意味を彼らが十分にはわかっていないと見抜くこと。これこそ、精神分析家による聴取の見本以外の何ものでもない。このエピソードを、フロイトはこの『運動史』から十年後の『自らを語る』においても繰り返し述べている。

私が一九一四年に『精神分析運動の歴史のために』を書いたとき、ブロイアー、シャルコーそしてフローバクが諸々語ったことの記憶が、私の中に浮かんできた。私は、このような知見［神経症の背後に「性的葛藤《コンフリクト》」があること――引用者］をこのような発言からもっと早く手に入れることができていたはずだった。しかるに私は、当時、これらの大家［権威］が意図していることを理解していなかった。もっとも彼らは、彼ら自身が意識し、責任を負うことができる以上のことを私に述べていたのであるが。*7

再度確認しておけば、ここでフロイトが指摘しているのは、ある発言（発話内容）とそれを発した者（発話行為の主体）との間の乖離である。これらの発言を聞かされたフロイトがその意味を理解できていなかっただけではなく、発言した当人たちでさえ、それを意識できず、その責任を負うことができない（現に彼らはその発言を後から否定した）。これを文字通りに受け取ることから精神分析は始まったとフロイトは述べる。そこにあるのは、主体を打ち立てようとする意志である。

では、フロイトは、性的病因論の帰結をどのように引き受けるのか？　性的病因論を引き受けること、それには、勇気が必要である。フロイトが『運動史』というテキストで何をしようとしていたかという問いと併せて述べるなら、この勇気は、性的なものへの抵抗を克服してみせることであり、他者における発話内容と発話行為との間の間隙をそれとして認識することによって、精神分析の主体を立てて見せることとして遂行される。フロイトは『ヨーゼフ・ポッパー＝リュンコイスと私との接点』においても、精神分析のアイディアに関わる「三人」を挙げているが、ここではフローバクに代わってナンシー学派のベルネームを挙げている。*8 ここから理解されるのは、フロイトが挙げた「三人」は、決して「同一のメッセージ」など発していないということである。それどころか、シャルコーとベルネームは対立してさえいた。シャルコーの催眠の三段階（カタレプシー／嗜眠／夢中遊行）が実際見いだせたのは数千例の中のわ

*7　Freud (1925b), S. 48,（一八）四九頁。
*8　Freud (1932), S. 261,（二一〇）二七九頁。

ずか一例でしかないとベルネームはシャルコーを批判していた。そこに同じメッセージを通常の意味において読み取ることは不可能であり、フロイトが後に催眠療法を棄却したこと一つを取ってもそこには埋めがたい飛躍があると言わざるを得ない。この『運動史』というテクストは、精神分析運動の主体をあくまで行為遂行的に構築しているのだ。

精神分析を規定すると思われているいくつかの要素、例えば、自由連想や誘惑理論の棄却、オイディプス・コンプレックスは、それらがいかに重要であれ、ここで見た精神分析の主体が前もって存在していないことには、意味を成さない。[*9] それらは、精神分析をつくっているいくつかある属性であって、究極的な基盤としての運動主体に寄りかかっている。『運動史』は、この主体構築のテキスト以外の何物でもない。そしてフロイトは、自伝という形式によって、つまりは自己分析と理解しうる形式でこれを書いたのだった。精神分析が生まれてきた「生成史」によってこそ精神分析が最もよく理解できるというフロイトの主張は、精神分析理論を体系的に説明しようとするときには既に消去されてしまっている何かを掬い上げようとするものである。この「何か」は、最終的にフロイトの自身の体験と深く関わっている。すなわちフロイトの自己分析であるが、精神分析という学を根本で規定しているこの点については、後述することにしよう。

精神分析運動が最初にぶつかった分裂に話を戻すなら、精神分析運動の主体になることこそ、フロイトとユンクの間で真に問題になっていることではなかったか。もちろん、彼らが交わした書簡等を読めば、ユンクの精神分析からの「逸脱」が、決裂の原因となっているように事態は推移している。例えば、ユンクはフロイトとの交流が始まって早々にリビドー概念を「和らげる」ことが、この運動に対して拒否反応を起こさないために得策であると考えていた。「この性に関する術語を、現在、世間にゆきわたっている限定された性概念を顧慮し、専らもっとも極端な形式にのみあなたの「リビドー」を適用し、その他の場合には、すべてのリビドー的なものに対し、あれほど過激でない集合概念を用いることにしたらどうでしょう」[*10]。またリビドーの概念を、性的なものとしてではなく、象徴的に理解し文化的に装飾したこと、あるいは、早発性痴呆症の原因が「毒素」にあるとする器質的なものへの還元をユンクが棄てなかったことなどが問題とされている[*11]。フロイトから見ると、ユンクは「文化的倍音 kulturelle Obertöne」ば

＊9　フロイトのオイディプス・コンプレックスは、字義通りに受け取るべき踏み絵のごときものとして必ずしもあるわけではない。オイディプス・コンプレックスには脱構築の余地がある。ラカンは、フロイトのねずみ男症例を「二重視 diplopie」という見地から換骨奪胎する。フロイトの分析において、ねずみ男ことエルンスト・ランツァーによる死んだ父親との同一化に焦点が当てられていた。それに対してラカンは、フロイトの分析にあくまで内在しながら、ランツァーが同一化する対象が二重になっていること、さらに、愛する女性も二重化されて一つの像を結びえないことを論証していく。オイディプスの三に対して、ラカンは四を対置することで、（強迫）神経症者の袋小路を説明している（J. Lacan (1953)）。

＊10　一九〇七年三月三一日付ユンクからフロイトへの手紙。McGuire / Sauerländer hrsg. (2001), S. 16,（上）四九頁。

かりを拾い上げて、根源的な力を持つ「欲動のメロディー Triebmelodie」を聴き逃している。[*12]

しかしより重要なのは、フロイトが後継者としてのユンクに期待していた、精神分析運動を担う主体となることがついに果たされなかったということなのだ。この運動の主体であるには、性的病因論を信じるということでは十分ではない（もちろんこれをもユンクは最終的に拒絶している）。実際、フロイトのユンクやアドラーに対する批判は、内容のレヴェルにおいて必ずしも首尾一貫していない。アドラーの理論は、『夢解釈』における四つの夢作業の中の「二次加工」と同じものだとされる。それは、夢に表面的な一貫性を与え、もっともらしい論理性を賦与する働きである。アドラー理論は、この二次加工と同様の擬似体系を構築し、決して「世界観」などを提供するはずのない精神分析をそのようなものとして提示している。他方、ユンクの思想は体系的ですらないが故に、なお悪いとして断罪されるのだ。[*13] 真の問題は、精神分析の概念や理論の理解における食い違いのみならず、精神分析運動の主体となることに関わっている。運動の主体であるとは、いかなることなのか。これを理解する鍵は、フロイトとユンクの間でたびたび論じられている「権威 Autorität」という言葉にある。

権威の伝達

フロイトは、運動の過程において、彼の築いた精神分析のすべてをユンクに移譲しようとする。国際精神分析協会の会長職、そして機関誌の編集権が与えられ、精神分析の中心地がフロイトのウィーンからユンクのいるチューリッヒに移される。制度上の権力移譲が名目的かつ実質的に為されたにもかかわらず、フロイトからユンクへの精神分析の伝達は結局失敗したのだった。フロイトとユンクの決裂について、個人的な感情のもつれや理論的逸脱、さらには「民族」問題など、人はいくらでもその原因を挙げることができる。例えば「クロイツリンゲンの振る舞い」と呼ばれる事件が、両者の溝をさらに深めたと言われる。それは、フロイトがスイスのクロイツリンゲンに、ルートヴィヒ・ビンスヴァンガーを見舞に行ったときに、そこからそれほど遠くないユンクを訪問しなかったことにユンクが立腹したというものである。さらには、――こちらにはより妥当性があるように思われるが――民族感情にフロイトとユンクの仲違いの原因を見ようとする向きもある。非ユダヤ人であるユンク宅を、ユダヤ人の運動と見られることの多かった精神分析がどうしても必要としていたことはよく知られている。分析運動が始まったばかりの頃、フロイトはカール・アブラハムに宛てて精神分析運動が「誤解」され、

＊11　ユンク「早発性痴呆症における毒素理論（die toxische Theorie der Dementia praecox）」。フロイトからユンクへの手紙（一九一二年一一月一四日）、McGuire / Sauerländer hrsg. (2001), S. 237.（下）一三四頁。

＊12　Freud (1914a), S.108,（一三）一〇九頁。音楽を楽しむ能力がないとたびたび漏らすフロイトには極めて稀な表現である（Freud (1914c), S.172,（一三）五頁）。

＊13　S. Weber (2000), pp. 40-49.

それに基づいた攻撃をかわすためにもユンクが必要であることを述べている。「やはりアーリア人の同志は断じて欠くことができません。さもなければ、精神分析は反セム主義の手中に陥ります」（一九〇八年一二月二六日）[*14]。ただし民族を問題にしていたのは、フロイトの側であり、ユンクが精神分析運動に関わっていたときに反ユダヤ主義的な言辞を弄したことはない。少なくともユンクが精神分析から離れていく時点では、反セム主義は問題になっていないのだ。ユダヤ人に対する偏見とともに、ユンクが精神分析を否定的に論じるのは、国家社会主義が台頭してくる一九三四年になってからである。そこで「ユダヤ的無意識」に対する「アーリア的無意識」の優越が暗示されながら、フロイトが糾弾されている。

私見ではユダヤ民族はある無意識を持っている。それは、限定的にしかアーリア人の無意識と比較し得ない。ある種の創造的な個人は別として、平均的なユダヤ人は、まだ生まれていない未来の不和を身籠もるには、あまりに意識的で細分化されている。アーリア人の無意識はユダヤ人のそれより高い潜在力を持つ。それは、まだ十分に野蛮さから離反していない若さの長所であり短所でもある。私の考えでは、すべてのユダヤ人に当てはまるわけではないユダヤ的範疇を調べもせずにキリスト教的ゲルマン人やスラヴ人に当て嵌めたのは、これまでの医学的心理学の大きな誤りであった。そのためこの心理学は、ゲルマン人のすばらしい秘密、創造性に満ち予見する力のある魂の奥底を幼児的で陳腐な湿地と説明し、その一方で警告を発する私の声は何十年もの反セム主義によって嫌疑をかけられてきた。この嫌疑はフロイトに発するものである。フロイトは、彼の受け売りをするあらゆるゲルマン人たちと同様、ほとんどこのゲルマンの魂について知らなかった。[*15]

この箇所を読むと、離反の原因がユンクの側の偏見にあるように考えたくなるが、ユンクのこのような言明が本来的なものなのか、精神分析運動とフロイトとの反目の結果であるのかは判然としない。もちろん、運動にとっては、ユンクらチューリッヒ派との分裂は、大きな痛手であった。フロイトはオットー・ランクに宛てて次のように書いている。「チューリッヒの豹変で悲しむべきことは、私が精神分析の基盤として統一することを願っていたユダヤ人と反セム主義者の統合が失敗したことです[*16]」。ここでの「反セム主義者」は、ユンクがいることによって回避できたはずの、精神分析の外部からの攻撃のことである。

無論、個人的感情は完全に等閑視してよい要素ではないであろうし、ユダヤ性のレッテルを回避したかったことも運動の展開において戦略的には見落としてはならないことであろう。し

＊14　H. Abraham / E. Freud hrsg. (1980), S. 73.
＊15　C.G.Jung, (1934=1974), S. 190ff.
＊16　ヴィッテンベルガーからの重引。Wittenberger (1995), S. 201.

かしながら私の考えでは、本質的に厄介な問題は、むしろ形而上学的なレヴェルにあったと考えるべきである。すなわち、精神分析運動の主体になるという要件である。それは、精神分析運動に「主体的に」取り組むといった心構えとは一切関係がない位相にある。フロイトに代わって精神分析を担うとは、フロイトがそうでありえた主体にユンク自身がなることを意味している。ユンクは、名目的にも実質的にも指導的立場（会長としての組織の運営や雑誌の編集権）に立った。にもかかわらず、フロイトが伝達し損なったのは、運動の主体の権能としての「権威」である。この伝達の失敗によって、精神分析運動における主体の問題系がネガティヴに浮かび上がるのである。

フロイトは『運動史』の中で、自分が引退した後、その代理となる者が、「権威」を担うべきであることを明確に述べている。[*17] しかし、「権威」ということで、フロイトは何を言わんとしているのか。次の担い手に移譲されるべき権威、「このような権威は、約一五年の経験という実入りの少ない先行《リード》の結果、やがて私の手に入った」とフロイトは述べる。[*18] しかしながら、経験によって手に入る「権威」であるなら、それはやがて誰の手にも入るものだろう。フロイトがユンクに対して向ける批判は、ユンクがフロイトのこの「権威」に耐えることも、また、自らその「権威」を打ち立てることもできなかったというものである。「私は彼［ユンク］を、その権威によって他の者たちが多くの謬見を回避させることができる、生まれながらの指導者と見なしてしまい、ある点彼を見誤っていました。彼はそのような者ではなく、自身未熟で監督を必要としているのです」[*19]。改めて問わねばならないのは、なぜに「権威」なのかということである。権威の問題は、明らかに精神分析を運動として展開し、それを後継者に伝達するときになって初めて問題になっている。この「権威」をめぐる問題が、精神分析運動の中で、あたかも喉に刺さった骨のごとくに取り沙汰されるのである[*20]。

＊17　Freud (1914), S. 85,（一三）八五頁。

＊18　Ibid.

＊19　一九一二年一一月二六日付フロイトからフェレンツィへの手紙（Haynal hrsg. (1993), I/2, S. 153)。ユンクとの蜜月時代にあったときにも、フロイトは「権威」について、ビンスヴァンガー宛の手紙（一九一〇年一一月六日）で触れていた。「私は、その身に［精神分析の］将来が懸かっているように思われるユンクの若い権威を支えるために、彼の近くに住んでやりたいくらいです」（Fichtner hrsg. (1992), S. 60)。

＊20　水準を異とするが、フロイトは治療関係における権威の問題についてもたびたび触れている。まだ催眠と暗示によって治療を行っていた頃、ある女性患者が治療者であるフロイトに抱きついてきたということがあり、「自分の暗示による権威の本質と由来」という問題に取り組まざるを得なくなった、と述べている（Freud (1917), S. 468)。催眠において催眠者に圧倒的な「権威」が賦与され、他方、患者の自主性が軽んじられているという違和感をフロイトは次第に抱き始めたのだと。とはいえフロイトは、後の時代に反精神医学がしたように、権威＝威信の解消が治療にとって有効であるとは考えない。催眠とは別の形で、精神分析には権威が必要だとフロイトは考えている。例えばフロイトは、ルー・アンドレアス＝ザロメに宛てた手紙の中で（一九一八年二月一七日）、次のように述べている。「教育においては、分析においてと同様、一方が卓越した、隙のない者でなければなりません」（Pfifer hrsg. (1980), S. 83)。

フロイトが用いた「権威」という言葉について、ユンクも、あるいは幾人かの注釈者たちも、それが、年長者フロイトが彼の運動の支持者に対して認めさせたかった威厳であり、それによって彼らを意のままにコントロールし服従させるための手段であったと理解している。[*21] すなわち、個々人が精神分析を用いて探求する自由などではなく、精神分析のすべてをフロイトの意に添うように強制するためにフロイトは権威にこだわった。そして、この精神分析の父に歯向かったが故に、ユンクは離脱せざるを得なかったのだ、と。確かに、フロイトと彼を取り囲んでいた者たちとの関係は、実際の年齢関係からいっても、まさに父親と息子たちのそれであり、フロイトが権威を持ち出すとき、それはまさしく父親が持っているべきそれであるという見立ては、なるほどもっともである。フロイトは、『運動史』と同時期に書いた『トーテムとタブー』を意識しつつ、自らを息子たちに殺害される原父（Urvater）に喩えたことすらあった。「トーテム饗宴という私の構成は、その正しさが実践的に証されています。あらゆる方面から「兄弟たち」が私に襲いかかっています。何より当然のことながら「宗教創設者」に、です[*22]」。「宗教創設者」たる父親が息子たちに殺害されるという自説になぞらえていることからわかるように、フロイトは弟子たちに対して自らが父親の位置を占めていることを十分意識している。しかし、フロイト自身の個性や世代関係とは別に、精神分析運動の危機的《クリティカル》な局面において、その主体を構築しなければならないという要請から来る「権威」の問題がそこに潜在していることは見逃すことはできない。すなわち、運動の主体をつくらねばならないという契機が、権威や自律、独自性といったテーマを引き寄せるのである。

この「権威」の問題は、フロイトと精神分析の間の、解きほぐせないかに見える関係を形成している当のものである。ユンクは、フロイトとの関係が終わりを迎える直前の手紙（一九一二年一二月三日付）で、フロイトにこう書いている。

さて「多少の神経症」に関してですが［フロイトが自らの体調について述べたくだりで、自らの「多少の神経症」について述べたことをユンクはあげつらっている――引用者］、私は、次のことを指摘したいと思います。すなわちあなたが『夢解釈』をあなた自身の悲壮な神経症の告白で始めたということです。――イルマの注射の夢――これはきわめて意味深い治療を必要とする神経症患者に、おのれを同一視することです。

……

当時われわれの分析は、あなたの次のような指摘で終わりました。「おのれの権威を失うことなしに、精神分析に身を委ねることはできない」と。この言葉は、将来起こるすべての出来事の象徴として、私の記憶に焼き付けられました。[*23]

＊21　R. Clark (1980), S. 302, S. 519.
＊22　一九一二年一二月三日付、フロイトからフェレンツィへの手紙（Haynal hrsg. (1993), I/2S. 172）。
＊23　McGuire / Sauerländer hrsg. (2000), S. 244,（下）二四六―七頁。

ユンクが後年書くところでは、後段の遣り取りは、アメリカへの講演旅行中に為されたものである。[*24] それは、ユンクがフロイトの夢に解釈を施そうとしたところ、フロイトがこれを強く拒絶したという出来事である。フロイトはその際、「私はおのれの権威を危険にさらしたくない」と言ったとされる。

これは、単にフロイトが自分の「弱み」を見せたくなかったということだけでないだろう。フロイトが拒否したのは、相互分析であった。それは、対等な関係の拒否である。そして相互分析の拒否が意味しているのは、誰もフロイトを分析しうる者はいないということ、そしてその代わりにフロイトには自らを分析にかける自己分析があるということである。フロイトの自己分析は、それによって精神分析を生み出しつつ自らの種々の恐怖症や神経症を治癒したところのものである。

このフロイトの自己分析が、ここで問題になっている「権威」の源である（こうして、体系の起源にあるフロイトの個人的体験と運動の権威という問題が重なる）。フロイトを分析にかけることは、この自己分析を疑義に付すことであり、それが精神分析の父の「権威」を脅かすのである。フロイトの「権威」は、先の性的病因論を、自らを患者として分析し確証することによって生まれる。このとき、フロイトの自己分析がいかなるものであったかを詳細に知る者は、精神分析運動以前に決別したベルリンの耳鼻科医ヴィルヘルム・フリースのみであった。フリースに宛てた膨大な手紙の中でフロイトは自己分析を遂行したのだった。マリー・ボナパルトがこの書簡を発見したときの、フロイトの狼狽はよく知られている。[*25] フリースに対する同性愛的親密さの中で、フロイトは自由連想を用いて夢や記憶の数々を微に入り細に入り分析していた。運動の内部では、フロイトの自己分析についての具体的な中身については、わずかにフロイトが語ったことだけが知られているという状態であった。

先に『運動史』が、運動の主体を構築するものであったことを見たが、この運動の主体たるフロイトを、背後で支えているのがフロイトの自己分析なのである。フロイトがこだわった「権威」も、運動の主体であることに関わるタームとして理解しなければならない。さらに言うなら、フロイトがついに他者の精神分析を受けなかったことによって、フロイトが精神分析に傾けた「情熱」は謎のまま留まることになった。

精神分析運動が持つべき「権威」は、フロイトの自己分析という起源によって基礎づけられているかに見える。この洞察は、シャーンドル・フェレンツィからフロイトへの手紙の一節からも確証しうる。フロイトは、先のユンクの手紙をフェレンツィに送って見せている。その手紙を読んで、フェレンツィはこの「権威」をめぐる問題に次のようにコメントしている。

＊24　C. G. Jung (1983), (上) 二二八頁。
＊25　E. Jones (1953), p. 317, 一九五―六頁。

誰もが、自らの上にある権威に耐えることができる必要があります。それによって、彼は分析上の訂正を受け容れるのです。［しかし］あなたはおそらく、分析家を［持つことを］断念することをあえてすることができる、唯一の存在なのです。そもそもこうしたことは、あなたにとって、つまりはあなたの［行う］分析にとって、決して有利なことではなく、不可避なことなのです。あなたには、同等もしくは上に立つ分析家など一人もいません。なぜなら、あなたが一五年もの間、誰よりも長く分析を営んできたのであり、まだわれわれ他の者に欠けている経験を積んできたのですから（一九一二年一二月二六日）[*26]。

精神分析を営んでいく上で、誰もがそれに従って自分の誤りを正すことができる権威——公準を身を以て示す者——を必要としている（フロイト宛の手紙（一九一〇年一〇月三日）でフェレンツィは次のように述べている。「あなた［フロイト］は、その一身において（in Person）精神分析なのです！」）[*27]。しかしただひとりフロイトだけが、良くも悪くも、権威を頂く必要のない例外なのだとフェレンツィは述べる。

われわれが先に見た『運動史』というテクストに戻れば、そこで示されていたのは、フロイト自身が精神分析というアイディアの由来を求めるべき「大家［権威］」を持ちえないということであった。フロイトが頼ろうとした三人の「権威」は（ブロイアー、シャルコー、フローバグ［ベルネーム］）、ヒステリーの性的病因論の帰属を否認していたのだった。もちろん、精神分析が性的病因論によってのみ成り立つわけではないにしても、である。ただ、『運動史』は、それ以上遡行し得ない行き止まりを提示することによって、フロイトが頼るべき権威を持たず（持ちえず）、自らを自らによって権威づけるという精神分析という新しい学の構造を提示しているのだ。自分で自分を権威づけ正当化するという困難が、精神分析の始源に構造的に埋め込まれている。

フェレンツィは、フロイトが精神分析を開始した以上、フロイト以上に分析に精通している者はいない、と述べる。フロイトは、彼を分析する分析家を持つことが（でき）ない。彼は、分析を受けるという経験を持つことが（でき）ない。このことは、フロイトが分析をしていく上で決して有利なことではないかもしれないが、「不可避」なことなのだとフェレンツィは言う。この欠落を代補するものとして、フロイトには自己分析がある。フロイトというただ一人の例外的存在を根幹で支えているのは自己分析であることを、フェレンツィは見抜いている。フロイトだけが従うべき権威を持たない。では一体誰が彼の自己分析を権威づけ《オーソライズ》するのか。彼の分析の有効性は、彼自身によってしか証されない。フェレンツィは次のように続ける。

＊26　Haynal (1993) hrsg. I/2, S. 175.
＊27　Ibid., I/1, S. 311. この手紙でフェレンツィは、フロイトに対する同性愛的感情（この直前に二人はイタリア旅行に共にしていた）とそれについての彼の分析を綴っている。

自己分析（それは分析されることよりも、確実に時間がかかり困難なことです）のあらゆる欠陥にもかかわらず、われわれは、あなたが御自分の症状に手綱をつける能力があることを要求しなければなりません。あなたは、われわれが日々確認している真理を大部分――すなわちあなたの自己分析において――発見したのでした。すべての人間が分析の諸結果に対して示す抵抗を、もしあなたが指導者なしに自分自身で（人類史上初めて）乗り越える力をあなたがお持ちなら、われわれは、あなたが御自分の些細な症状をも終わらせる力を持っているものと期待しなければなりません。そのことについては、事実が明確に物語っています。[*28]

フロイトを分析しうる人間が存在しない以上、フロイトには自己分析しかない。見逃してはならないのは、私的な手紙での遣り取りにもかかわらず、フェレンツィがこの少し前から主語を「われわれ」に変えていることである。つまり、フロイトという精神分析にとっての特権的個人に対する、その他の分析家「われわれ」としてフェレンツィは語っているのだ。「あなたに当てはまることが、われわれ他の者にはあてはまりません」。さらにフェレンツィは、この上なく慎重に条件法を用いて述べる。もしフロイトが精神分析への抵抗を誰の導きもなく乗り越えたのであるなら、誰の分析も必要とせず、彼が抱えていた症状にも決着をつけているだろう、と。自己分析は精神分析という真理の大部分をもたらしたものであると同時に、フロイト自身が自らの症状を解消させた当のものである。最終的にフェレンツィは、フロイトの自己分析の有効性は「事実」が証明していると結論づける。それは同時に、フロイトの自己分析の正当性を承認することでもあるだろう。もっとも、フロイトの自己分析を正当であると認めることは、後に見るように、彼が自己分析によってすべての症状を乗り越えたかどうかとは別のことである。ここでも先に述べた言葉を用いることができるとすれば、フロイトは自己分析する「勇気」を持ちえたということが、運動主体の形成に寄与するのである。フェレンツィがフロイトに認めているのは、何よりこれなのである。[*29]

さて、運動が曲折を経ていく中で、精神分析運動は、チューリッヒ派にかなり明確な意図を持って接近したのだった。それは、精神分析の正しさを彼らの実験心理学によって証明してもらうためだったとフロイトは語っていた。[*30] フロイトはアメリカ合州国マサチューセッツ州のク

＊28 Ibid., S. 175-6.
＊29 フェレンツィは、フロイトとフリースの間で具体的にどのような遣り取りがあったのか、執拗にフロイトに問い質しているが、フロイトはそれに詳細に答えることを拒絶している（一九一〇年一〇月一七日付）。「おそらくあなた［フェレンツィ］は、私が留保したとき、まったく別の秘密を思い浮かべ、あるいは、それがこのことに結びついた並々ならぬ苦悩であると思ったかもしれませんが、一方で私は自分がすっかり成長し、格段の独立を結果としてもたらした私の同性愛の克服をよいものとして認めるているのです」（Haynal(1993), I/1, S. 319)。

ラーク大学での講演で次のように述べている。ユンクらによる連想実験は、定性分析が化学者に役立つのと同じように、コンプレクスを「客観的」に示し精神疾患を研究するのに不可欠である、と。[*31] ここでの文脈で捉え直すなら、この動きは、精神分析の正しさを既存のアカデミズムの権威によって請け合ってもらうことを意味している。いわば、科学によるお墨付きを得ることが期待されていたわけである（フロイトからブロイラー宛の手紙一九一〇年一〇月一六日付）。しかし既存のアカデミズムで最も初期に精神分析に関心を示したオイゲン・ブロイラーは、結果的には精神分析運動に違和を感じて遠ざかることになる。チューリッヒ派でありながら生涯にわたって精神分析に対して中立の立場をとり続けた――ここでの「中立」とはすなわち、かなりの度合いにおいてフロイトに対して友好的であったということだが――ルートヴィッヒ・ビンスヴァンガーは、ブロイラーの精神分析運動に対する態度を振り返って、「私の見るところでは、ブロイラーの参加拒否はただ、学問の団体、つまりある種の学問的秘密集会（**Konventikeltum**）に対してのみ向けられていたようだった」と述べている。[*32] 一九一一年にブロイラーは『フロイトの精神分析』を書いているが、副題の「弁護と批判的注釈」が示しているように、フロイトの主張に対して最後まで「留保付き」の議論を展開している。ブロイラーのフロイトの精神分析に対する疑念は、「彼［フロイト］の芸術的に纏まりを持った学説」という形容に端的に表れている。[*33] ブロイラーにとって、精神分析は決して普遍的な方法論、理論ではなく、ある種フロイト個人に帰すべき技芸《アート》、個性に発するアイディアのように映っていたことをこれは示している。フロイトに宛てた私信でも次のように述べている。「学問的には、精神分析の全体系を受け入れることがあなた［フロイト］にとってなぜそのように重要なのか私には理解できません。私はかつてあなたに、次のように言ったことを覚えています。如何にあなたの学問的達成が偉大であっても、心理学的に、私には、あなたが芸術家であるという印象を持ちます」[*34]。これは、ハヴロク・エリスの精神分析に対する疑念でもあった。フロイトのしていることが、科学であるよりもむしろ芸術家の手業であるように少なくとも外部の人間には映っていたのである。あくまで科学的で客観的な態度を保とうとするブロイラーにしてみれば、精神分析は、「芸術家」フロイトの「作品」であって、フロイトという固有名がそれについて回る奇妙なものとして映らざるを得ない（まさにこの点をわれわれは論じてきたわけである）。こうして、ブロイラーは精神分析運動から距離を置くことになる。これは運動にとっての大きな転機となった。この離脱によって精神分析運動は精神医学と接点を失い、大学の学者たちとの結びつきを失うことになる[*35]。フロイトはブロイラーの引き留めに苦心していたが、一九一一年一一

＊30　Freud (1914a), S. 67,（一二）六七頁。
＊31　Freud (1909b), S. 31,（九）一四〇頁。
＊32　L. Binswanger (1956=1969), 三六頁。
＊33　Bleuer (1911), S. 71.
＊34　ブロイラーからフロイトへの一九一一年一一月五日の手紙。Alexander / Selesnick (1960), p. 6.

月には、「精神分析はブロイラーなしで行く」と決断する。[*36]

孤立していた時代だけではなく、精神分析を運動として開始してからも、フロイトは自分がパラノイアではないのかという不安に苛まれていたことをわれわれは知っている。この不安は故なきものではない。これはまさしく、フロイトが自己分析以外に拠り所を持っていなかったことの必然的な帰結である。フロイトは、アメリカでの講演によって、自らが開始した精神分析がパラノイア的であることを免れたと述べた。「精神分析は、もはや妄想の産物（Wahngebilde）ではなく、それは現実の価値ある一部となったのだ[*37]」。しかし、フロイトのアイディアに耳を傾けるものが次第に増えたからといって、事態の本質が変わることはない。すなわち、フロイトの自己分析を正当化しうるものが誰もいないという事態は。すなわち、運動の「最終審級」であるフロイトの自己分析には何の保証もないのである。以下では、フロイトがフリースに宛てて紡いだ自己分析の一端を見ることによって、精神分析運動の主体の「底」、あるいは運動の「権威」の源泉を見てみよう。あらかじめ述べるなら、それは本来、主体を支える基盤たりえないものである。しかし基盤の不完全さは、必ずしも欠陥を意味するわけではない。

ここで運動の主体について小括すれば、精神分析は「フロイトの経験」（序論で論じた「創造の病い」）をその「基盤」としている。これは基盤たり得ないものを基盤としているという意味で、通常の主体とは異なる。すなわち、この主体が従属しているのは、フロイトの自己分析であり、それは解釈の余地を常に残しており、解釈され尽くすことのない経験である。同時に、この主体の目的と射程も、この基盤の曖昧さに対応して、ある不透明さを持つことになる。すなわち、患者の「健康」状態への回復を第一義としないならば、運動主体＝分析家とは何をする存在なのかも不分明となるからである（この点については第二章で論じる）。

フロイトの自己分析

フロイトの自己分析がいかなるものであったか、それは、フリースへの手紙から読みとることができる。

フロイトが「熱心」な治療者ではなかったことはよく知られている。[*38] ユンクが批判したのも、フロイトが患者に対して共感を欠いていることであった。他人を直すことが直接の動機でなかったとすると、何がフロイトをして精神分析に向かわせたのか。テオドール・ライクは、

＊35　M. Schröter (1995), S. 550. 精神分析がアカデミズムから遠ざかったことが、精神分析の職業化を促していることについては本書第二章を参照せよ。

＊36　一九一一年一一月三〇日付のフロイトからユンクへの手紙。この箇所は、マクガイアとザウアーレンダーによって編纂された版ではカットされている。ここではヴィッテンベルガーに依拠した（Wittenberger (1995), S. 86）。

＊37　Freud (1925), S. 78,（一八）一一四頁。

＊38　例えば、Freud (1933), S. 163

まさしく自己分析の問題に触れつつ、フロイトが何より彼自身を治療するために精神分析を始めたと書いている。あるとき、交通量の多い通りで、道を渡るのをためらって、フロイトはライクに次のようにつぶやいたという。「ごらんなさい、若いころ私を非常に苦しめた古い広場恐怖症の残滓がまだあるのです」[39]。さらには、鉄道不安（旅行不安）でフロイトは苦しんでいた[40]。

また『夢解釈』が、父親を失った壮年のフロイトが陥った危機において構想され書かれた服喪の書であることは広く知られている。エリク・エリクソンは、『夢解釈』冒頭に分析された「フロイトの見たイルマの夢は、壮年のある創造的な男の人生における危機を「反映」している」と論じている[41]。イルマの注射の夢は、まさしく自己分析の中で解釈された夢であった。このときフリースは、フロイトの孤独な自己分析における「共鳴板」の役割を担っている[42]。この夢の分析を通じて、フロイトは患者イルマに対する治療の失敗に対して自己弁護に終始する自らの姿を見ていた。

フロイトは、何より自分の問題を解決するために精神分析を開始した。このことは、フリースへの手紙にも記されている。「私がかかずらっている第一の患者は、私自身です」[43]。この年の一〇月、フロイトは「すべての問題の解明に不可欠だと考えている私の自己分析を、この四日間夢で継続し、重要な情報と根拠を得た」とフリースに報告する。そこでフロイトは、乳母が出てくる夢を報告している。この乳母（Monika Zajik という名の女性）は、醜く年を取っているが知性豊かな女性で、幼いフロイトの能力を高く評価していた[44]。その夢で、フロイトが彼女に一〇クロイツェル硬貨を渡す場面が出てくる。この乳母は幼いフロイトに聖書について語って聞かせ、また妹を妊娠していた母親に代わってフロイトを世話しており、幼いフロイトが性的な関心を持った女性であった。しかしあるとき、フロイトに与えられたすべての金銭や金目のものが取り上げられて彼女の懐に入っていることが明らかになり、従兄弟のフィリップが警察に届けて、彼女は一〇ヶ月の懲役を受けたのだった。フロイトは夢に見るまでこの窃盗のことを失念していた。フロイトは「ひどい処置（仕打ち）」こそ、この夢の意味だと解釈する。すなわち、夢の一〇クロイツェル硬貨は、その時診ていた患者マルタの治療で得ている一〇グルデンと重なる。夢では乳母に与えたことになっているそのお金は、実は乳母がこれに限らずフロイトから盗み続けていたものである。同様に、フロイトはマルタに対する「ひどい処置」によって報酬を得ており、それは乳母が泥棒であったのと変わらない、と。フロイトはある場面を

＊39　この場面は、フロイトが（癌のため）ほとんど家に引きこもるようになった一九二八年以前のことだっただろうと、ライクは見当をつけている（T. Reik (1948 =2007), S. 45）。
＊40　一八九九年一二月二一日付フロイトからフリースへの手紙。Masson / Schröter hrsg. (1999), S. 430.
＊41　Erik H. Erikson (1955), p. 50.
＊42　Ibid., p. 47.
＊43　一八九七年八月一四日付、フロイトからフリースへの手紙。Masson / Schröter hrsg. (1999), S. 281.
＊44　クリュルによれば、この女性は Resi Wittek というチェコ語を話すカトリック信徒であった。フロイトは彼女のお陰でチェコ語の童謡を後年も暗唱できたという（M. Krüll, (1979), 一六九頁）。

思い出す。これはフロイトの幼時記憶というものを理解する手助けとなる。フロイトにとっての幼時記憶とは、理解できない謎のようなものである。理解不能の謎として憑き纏い続けるものこそ、トラウマの核である。

解釈時にフロイトが突然思い出した場面とは、乳母を警察に突き出した従兄弟フィリップに対して、幼いフロイトが箪笥の鍵を開けるようにせがむ場面であった。母親を捜して泣いていたフロイトは、母親が箪笥の中に隠れているのだと考えてフィリップに開けさせたのだったが、もちろん母親はいなかった。投獄された乳母と同様に、母親がそこに閉じこめられていると幼い自分は考えたのではないか、というのが、この場面を解釈して後になってフロイトが理解したことである。「体系的に」これを理解するなら、母親への愛着と父親への妬みがここから読み取れるのだと、唐突にフロイトは一般化してこの分析を記した手紙の相手であるヴィルヘルム・フリースに説明する。そしてこのような傾向こそ、「古い幼児期の一般的な出来事」なのだと結論する。[*45]

フロイトが一連の分析から導くのは、彼が乳母に同一化してその時の苦境を理解しているということである。無能な治療者というフロイトの自己了解は、窃盗を働いた乳母と重ねられる。ここでフロイトが夢の願望充足を持ち出すことはない。しかしフロイトは夢の場面から連想して、さらには母親から乳母についての証言を得て、これまで理解できなかった場面の意味を理解している。もし自身のヒステリーが解消したなら、私はこの乳母の思い出に感謝したいものだとフロイトはフリースに書く。[*46]「性についての先生」であり、フロイトの頭の良さを褒め称えて、（母親と別の意味で）今ある自分の「生みの親」であったが、泥棒でもあった乳母に対して、である。

　また、『夢解釈』に収録されている「植物学研究書の夢」からもフロイトの自己分析の一端を見ることができる。その夢で、フロイトは完成した植物学研究所を目の前に見る。それは、フロイトが書きつつあった『夢解釈』を心待ちにしていると書いたベルリンの友人フリースへの同一化を物語る。前日にフロイトは書店で実際に「シクラメン」に関する本を目にしている。それはフロイトの妻のお気に入りの花であるが、フロイトはそれを滅多に買って帰ることがない（一方フロイト夫人は、フロイトの好きな朝鮮薊《アンティチョーク》をよく買ってきてくれる）。ディディエ・アンジューがこの夢を再解釈して述べるには、フロイトが普段買い忘れるシクラメンは、フロイト自身が解釈し忘れたものでもある。シクラメン（Zyklamen）は、一方では「周期 Zyklus」と「キュクロプス［一つ目の巨人］Zyklop」への連想路を含んでいる。[*47]「周期」とは、友人フリースが持っていた男性における「二三日の周期」という「理論」であり、また、「キュクロプス」とは、片方の目に緑内障を患っていた父ヤコブを示唆している。フロイト自身の解釈では、彼

*45　フロイトからフリースへの手紙（一八九七年一〇月一五日付）。Masson / Schröter (1999), S. 293.
*46　同前（一八九七年一〇月二三日付）。Ibid., S. 289.
*47　Anzieu (1986), p.292.

自身が緑内障になったら「ベルリンの友人」に眼科医を紹介してもらって手術を依頼するだろうと記されている。この手術に関しては、フロイト自身が関わったコカイン研究のおかげで、手術がそれまでよりも楽なものになったことが触れられる。これは、緑内障の父親（既に亡くなっている）に対して、フロイトが自らの功績を認めさせることでもあるだろう。このように、「シクラメン」は、フロイト夫人への連想だけではなく、友人フリースへの同一化、さらには父親に対する自己顕示欲を含んでいる。

では、自己分析によって自らを治癒すること。それは可能なのか。手早く結論を述べれば、フロイト自身がフリースへの手紙に記すようにそれは「不可能」である。「……そもそも自己分析は不可能です。そうでなければ、病など存在しないでしょう」[*48]。フロイトは、彼自身による分析が決して完璧であったとは考えていなかったし、その不十分さを隠したこともなかった。フロイトの自己分析の成果を請け合っていたフェレンツィに対して、フロイト自身は「……私は例の精神分析的超人などではないのです」とそれを否定している[*49]。もし仮にフロイトが自らの問題を完全に克服した存在として振る舞ったなら、フロイトは教祖のごときものとなっただろう。そうでなくとも、権威をめぐる問いが、フロイト個人と精神分析との間で容易には処理できないものとして憑き纏い続けたのである。

より原理的にいえば、自己分析の不可能性とは、自己言及にまつわる不可能性と同じ種類のものである。すなわち、自らが分析される存在であり、かつ分析する者であるという二重性に関わる不可能性である。フロイトは友人フリースを宛先にした自己分析の中で、自らについて書く存在であり、同時に書かれる存在であった。この二つの水準（オブジェクト・レベル／メタ・レベル）が一致することはあり得ず、自己についての記述には原理上終わりがない。あるいはこの二つの水準の間隙は、自己分析あるいは自己言及が不可避に含む「盲点《ブラインドネス》」である。この盲点（の処理）が症状として表れるとも言いうるだろう（位相は異なるが、精神分析運動における権威の問題も同じ系列にあると見なしうる）。そして、おそらくフリースという「他者」は、絶対的に不可欠な存在であり、それがなければ「自己」分析は遂行しえない。この他者は、それを通じて（自己）分析あるいは自己観察が精度を上げる媒介であるかに見える。すなわち、「真理」――メタ／オブジェクトの懸隔の解消――に到達するための手段・過程であるかに見えて、実は、それ自体が真理の一部を成している。つまり、分析する私と分析される私の埋めることのできないギャップは、フロイトにおいてフリースという他者において体現されているが、同時にこの他者は、フロイトが最終的にフリースを「パラノイア」と呼んで否定したように、最低の評価にまで下落しうる存在である。

＊48　同前（一八九七年一一月一四日付）。Ibid., S. 305.
＊49　フロイトからフェレンツィへの手紙（一九一〇年一〇月六日付）。Haynal hrsg. (1993), S. 312.

権威の寓話

運動の危機的局面で論じられた「権威」というテーマに戻ろう。フロイト自身は、権威についてどのように考えていたのか。フロイトによる権威についての理論的考察は、『トーテムとタブー』にある。「未開人と神経症者の心的生活におけるいくつかの一致」という副題からわかるように、この文章は、精神分析が人類学に知見をもたらしうるという野望をもって書かれている。心的なものの原初的構造が、ここでは父殺しによって説明されている。連載が始まった一九一二年という時期は、われわれがこれまで見てきたように、運動における権威が問題になっているときであり、この論文が権威について原理的な考察をしていることには単なる符号以上のものがある。そこで論じられる父殺しという「仮説」が、その証明を将来見いだすであろうとフロイトは期待している。しかしこの父殺しは、このようなフロイトの期待とはまったく別に読みうる。すなわち、フロイトが語っているのは、証明されるべき仮説ではなく、ある種のフィクションないしは寓話であって、むしろこの語り方こそ、権威の起源を明かす手がかりを与えているのである。

この寓話が語るところでは、「ある日」あらゆる女を占有している暴力的で嫉妬深い原父（Urvater）が、その息子たちによって殺害されるが、むしろ原父は殺害後にこそより強力になる。

というのも、息子たちは父殺しの罪悪感のために、生前以上に原父に対して恐れを抱いて服従することになるからである。「打ち倒され、そして復権した父親の復讐は苛烈なものとなり、権威の支配は絶頂に達する」。[*50] M・トゥルンハイムが簡潔に述べているように、暴力から権威への移行を『トーテムとタブー』は説明している。すなわち原父殺害は、共同体内で暴力を振るう存在を消去することであり、暴力の廃絶を意味している。そして、息子たちが原父の屍を食べるトーテム饗宴は、ある種の内面化であり、暴力が罪悪感へ変換されること、罪悪感を共に抱くことによって共同体の掟が生じる様を描いている。[*51] しかし法を体現するこの権威の誕生についての寓話には、矛盾がある。それは父親を殺害した息子たちが抱くとされる罪悪感、亡父への事後服従という『トーテムとタブー』の核心に関わる。法、あるいは共同体の掟の起源を、フロイトは原父を殺害したことによる罪悪感に求めたのだった。フロイトは注の中で述べているのだが、兄弟たちは父親殺しでそれまでの憎悪を晴らし、かつその父親への同一化を果たした後、「これまでに感じたことのない感情」を抱くことになる。すなわち、父殺しは「完全な満足」をもたらさず、「道徳的反動」を生むのである。[*52] さて矛盾は、殺害の禁止という掟が未だ存在していないところで、どうして息子たちは原父の殺害という自らの行為を悔い、罪悪感を抱

＊50　Freud (1913c), S. 181,（一二）一九二頁。
＊51　Turnheim, (2007), S. 96.
＊52　Freud (1913c), S. 173,（一二）一八四頁。

く（ことができる）のかということである。「事後性」をいくら強調しても、息子たちが罪悪感を抱き、殺害禁止の掟に服従する道徳的反動の瞬間は特定できない。事後性はむしろ、この寓話の矛盾を別の言葉で言い換えているに過ぎない。ここで事後性の概念は、行為に対してその罪の意識が遅れることを言っているだけで、どうして罪悪感が生まれるかを説明してはいないのだ。この事態を別の方向から見てみよう。フロイトは、兄弟たちが殺害した父親の身体を食するトーテム饗宴によって、死者を体内化する様を描いていた。共にその肉を食することで、まさに父親の体を自らの血肉とし、息子たちの絆は深まる。しかし、その食された父親の身体は決して消化されないのだ。食べているときには満足をもたらすかに思われたが、食べた後には後悔と罪悪感が生まれたのだとフロイトは述べていた。この父親の身体は、いわば「腐ったもの」となり、いつまでも消化されずに残り続ける。もちろんこのプロットにおいて、体内化された父親の身体は、内面化された掟を象徴している。息子たちは、原父の権威に服従する主体となる。フロイトが後に超自我と名づけるものの原型が、この体内化された亡父の肉片という異物である。さて、罪悪感を抱くには、その行為を禁止されたものとする法や規範があらかじめ存在していなければならないが、フロイトは法の起源そのものを名指すのではなく、それが「事後的な」時間の中にあるとだけ述べたのだった。それは、殺害され亡霊となった原父の住まう時間である。フェレンツィは『トーテムとタブー』が連載されていた当時、フロイトに宛ててそれが父親をめぐる問いとして『夢解釈』と対になる考察だと評論している。すなわち、フロイト自身も述べているように、『夢解釈』が父親を亡くした「反動」で書かれているとすれば、『トーテムとタブー』は「亡霊的、宗教的父親イメージ」を扱っている。[*53] 『トーテムとタブー』における、この権威についての寓話から何を読みとるべきか。これをフロイトの運動の単なる反映として読むべきではないだろう。すなわち、フロイトこそが原父であり、その他の者たちが息子であるといった運動の展開上の一局面を単に反映したものとしてこれを読むことには慎重でなければならない。むしろ、事実確認的な方法では権威の源泉を摘出することができないことをそここから読みとらねばならない。事実確認的に権威の由来を問いえないというのは、先に見たように、殺害した原父に罪悪感を抱き、服従する瞬間が、ただ事後的だとしか指示しえない時間の中で生じていること、つまり既に権威を存在しているものとしてその論理構成の中に忍び込ませない限り、その説明が破綻するということなのだ。フロイトが『トーテムとタブー』の末尾に掲げた言葉をそのまま用いるなら、「初めに行いありき」なのである。事実確認的でない行為のレヴェルにある何か、気づいたときには既に起こってし

＊53　フロイトからフェレンツィへの手紙（一九一三年六月一三日付）。Haynal hrsg. (1993), S. 229. 食べられた後に決して排泄されない原父の肉片について、私は、フロイトの精神分析の理論における糞便の問題系を論じる中で再度取り上げた。分離できる身体の一部であり、かつ、汚いものとして排除するよう教え込まれる糞便は、フロイトにとって、抑圧ならびに去勢の概念の原型である。比嘉（二〇〇九）を参照のこと。

まっている何かを想定しなければ、権威を記述することはできない。

無論『トーテムとタブー』で論じられている権威は、一般的な意味での権威であって、精神分析運動の主体にフロイトが求めたそれとは位相を異とする。しかし、フロイトが権威ということを口にするとき、しかも新しいこの運動に権威が必要だと口にするとき、それが一朝一夕に打ち立てられるものではなく、特異な時間性をその内に含んだ対象であることは意識されていただろう。

精神分析運動は、その主体の権威をフロイトからユンクへと移譲することに失敗したのだった。運動の権威にまつわる問題系は、その後に「大義 cause」という言葉で語られている。この「大義」という言葉は、精神分析運動が制度へと歩みを進めていく中で、運動の主体に求められる権威の変容を示しているように思われる。

ここで一度、精神分析運動が組織化される地点に戻って、運動の主体を構築することがどう論じられているかを見てみよう。フェレンツィによる一九〇九年の第二回国際精神分析大会における協会設立報告から、さらに主体化の論点を読みとり、フロイトの「大義」を擁護する動きに至る過程を追っていこう。

ゲリラ戦

精神分析運動が進展していく中で、当然その組織がいかなるものであるべきかが討議されている。フェレンツィは、『精神分析運動の組織について』と題された報告（一九〇九年の第二回国際精神分析大会：ニュルンベルク）で、国際精神分析協会の設立を提案する講演を行っている。

第一回のザルツブルク大会（一九〇八）がほぼ私的な集会でしかなかったのに対して、このニュルンベルク大会では、多くの外国人が参加し、規約が採択されている。

フェレンツィによる発表のキーワードは、「ゲリラ戦 Guerillakrieg」である。

この設立報告が強調しているのは、外からの精神分析への攻撃に対して闘うことと同時に、内外を問わず精神分析を騙る偽物（「学問的海賊行為」）に対して闘うことである。ジョーンズは、フェレンツィのこの発表を冷ややかに論評しているが、精神分析運動初期の組織化をめぐる論点はここにある程度出尽くしていると言ってよい。[*54]

フェレンツィは、精神分析が持つべき組織について論じるとき、既存の学問的な組織や政治的団体を批判的に論じるところから始める。これら既存の団体は、気づかぬままに「幼児的妄想」に耽っており、指導者に盲目的に服従し、その構成員たちが互いに妬み合っている。すなわち「組織は、その本質と構成において、家族的特性を反復している[*55]」。このような組織の中で、

＊54　E. Jones (1955), (2), p. 76, 二八六頁。

「息子たち」は「父親」に対して媚びるか憎悪を抱くかという不毛な行動パターンに陥る他ない。いわば、組織の問題はオイディプス的葛藤にあるのだというのがフェレンツィの考えである。では、精神分析がこれから作ることになる組織は、この難点をいかに回避しうるのか。精神分析の知見を組織の家族的特性に適用することによって、というのがフェレンツィの主張である。しかしそれに続くのは、トーンダウンした解決案である。組織は（オイディプス的）家族の性格を回避しなければならないとはいえ、分析家がまだ組織を持たず未だ家族的組織しか知らない以上、家族的組織の「長所」を持った組織が目指されるべきである。このフェレンツィの解決策は、その後に起こる（現在まで続く）精神分析の組織にまつわる問題に対していかにも牧歌的なものに映る。いわく精神分析的組織において、まさに分析の知見を生かして、自体愛的段階――ここではほぼナルシシズムと同義である――が乗り越えられ、学問的観察、理論的彫琢に向かう対象愛へ移行することができる。そして、組織の父親＝指導者は権威的であってはならない、と。[*56]

ごく単純なことの確認から始めよう。フェレンツィの文章において、外からの精神分析に対する批判に対応すること、内外を問わず精神分析を自己流に歪めている者たちとの「ゲリラ戦」が主張されていた。この組織についての講演は、まさに運動主体の構築がその内と外の区別から始まるということを改めて確認させてくれる。さらにそれは、制度の始まりの最も基本的な動作でもあるだろう。協会の目的は「真の精神分析」を広めることである、とフェレンツィはいう。しかし真のあるいは一つの精神分析の確立は、フロイトの理論からは決して導き出せない。理論がテキストによって、つまりは書くことによって提示されなければならない以上、それが一つの精神分析を表現することはないのだ。真の精神分析の確立は、主体化を要請する。運動の主体であることの要請こそ、その内と外とを区別し、誰がそれに相応しいかを判定し、不適当な者を排除する動きが、精神分析の同一性を作る。しかしながら、それが早晩ドグマ的になることは避けがたい。このゲリラ戦は、機関誌において「精神分析の敵」を名指すという形で実行されている。例えば、精神分析が患者にもたらしうる「害」について、ドイツの精神医学カンファレンスで発表しようとしている医師がそこで敵として指弾されている。[*57]

ヨーロッパ諸国やアメリカ合衆国の学会や雑誌で、精神分析がどのように扱われ評価されているか、「精神分析運動」と題された掲載欄が逐次報告している。たとえ好意的に精神分析を扱っていたにしても、精神分析についての無理解があれば、それが指摘され糺される。[*58]また『リ

＊55　S. Ferenczi, Zur Organisation der psychoanalytischen Bewegung(1910), in: Ferenczi (1970), S. 52.

＊56　マイケル・バリントはこのフェレンツィの講演について、精神分析の将来と治療効果について、「魅惑的で非常に楽観的幻想」が含まれていると評している（M. Balint (1970), S. 16)。

＊57　*Internationale Zeitschrift für Ärztliche Psychoanalyse*, (1913), S. 199.

＊58　例えばフェレンツィ自身が『医学的精神分析雑誌』の「談話室」コーナーで、雑誌『自然・文化哲学年鑑』に対して批判的指摘を加えている（*Internationale Zeitschrift für Ärztliche Psychoanalyse*, 1916/17, S. 169)。

ビドーの変容と象徴』以降のユンクに対する批判が、フロイトの『精神分析運動史』における批判に合わせて雑誌に掲載されている。[*59]

ところがこのゲリラ戦は、それを訴えたフェレンツィ自身が後に精神分析的ではないテーマに深入りしたために、その標的となる。フロイトがそれを捨ててオイディプス・コンプレクス「理論」に辿り着いたところの誘惑理論を、フェレンツィは一九二〇年代になって精力的に論じることになる。マリア・トロクとニコラ・ランドは、フェレンツィの誘惑理論が、フロイトのかつての構想にいかに忠実であるかを示している。[*60] しかしそれがいかに「フロイト的」であったとしても、それは制度としての精神分析の「外側」にあり、それは大きな関心を呼ばないどころか、疑念の目を以て眺められることになる。フロイト自身がフェレンツィの誘惑論への熱中に怪訝な視線を向けただけでなく、制度化した精神分析がフロイトの死後、フロイトが誘惑論に傾いていたという揺らぎを「なかったことにする」動きを見せる。

フェレンツィのこの文章から五年も経たない間に、アドラーやシュテーケルといった古株たちが離脱し、そして後継者となるべきユンクらと「党内闘争」が生じることになる。それは、フェレンツィのいう組織における「家族的性格」の発露であり、そこで批判された既存の組織よりもむしろ悪いことであるように見える。

これらの事態については、多くの言葉が費やされてきた。曰く、ユンクのフロイトに対する陽性の転移が、陰性のものへと転じ、他方、フロイトのユンクに対する「逆転移」が決裂の原因を生んだ、云々。私はしかし、個々人の心理が最終審級であるような論じ方を退ける。それらは運動内部での軋轢や葛藤、分裂について、「精神分析的」に論じているかに見えて、それは運動とはまったく関わりのないおしゃべりに過ぎない。それは固有名が踊る心理劇に過ぎず、真に問題になっていた、運動の主体であることにまったく触れてはいないのだ。

フロイトの大義

ユンクとの対立が深まる中で、権威の移譲、もしくは精神分析の伝達よりも、フロイトの精神分析を擁護するという動きが出てくる。ユンクの離脱が示したのは、精神分析からフロイトを分離するのはまだ早かったということであった。あくまで精神分析をフロイトという名に結びついたものとして保存すべく、非公式の組織が動き出す。

公的な組織がいかに動こうと――例えば会長のユンクが反フロイト的に振る舞おうと――、フロイトを支え続けるという誓いのもとに、少数のメンバーがフロイトを取り囲む秘密の組織を作る動きを見せる。フロイトの「大義 the cause」を守るという名目の下、アーネスト・ジョー

＊59　ジョーンズはユンクのロンドンでの講演に、そしてアブラハムはユンクのアメリカでの講演に対して批判を向けている（*Internationale Zeitschrift für Ärztliche Psychoanalyse*, 1914(2), S. 72-82, S. 83-85）。

＊60　Rand / Torok (1999), S. 441-456.

ンズ、シャーンドル・フェレンツィ、オットー・ランク、ハンス・ザックス、カール・アブラハム（後にマックス・アイティンゴン）が結束する。ジョーンズは、元々のアイディアがフェレンツィにあったとしながら次のように提案する。

おそらくそれはフェレンツィだったと思いますが、われわれの中の一人が、次のような希望を口にしました。つまりごく小集団の者たちがあなたによって余すところなく分析されれば、彼らは個人のコンプレックスによって質を落とすことなく純粋な理論を体現することができるだろう、と。そして協会内に非公式のサークルを作り、他人（初心者）が来て作品を学ぶ中心となることができるのです。[*61]

フロイトはこの提案を承諾するだけでなく、積極的に加担する。この委員会はその存在を「完全に秘密」にしなければならない。この秘密委員会の設立は、精神分析運動におけるどのような契機なのか。制度は、個々人の死を超えて事柄が存続することを欲するとき生まれると言ってよいなら、死こそ、制度化の契機となる。

私がもはや存在しなくなったとき、精神分析のさらなる発展に努め、個人性と偶発性に抗して大義を守るために、われわれの仲間のうちで最良の最も信頼できる者たちから秘密会議をつくるというあなたの考えは、私の想像力をすぐさま捕えました。[*62]

精神分析運動が制度としての形を取り始めたこの時期にどういうことが起こっていたのか。既に一六〇人近くの会員を集め、国際大会や機関誌を発行し始めた精神分析運動は、既にユンクという公的な指導者とフロイトという運動の主体との間に乖離を来している。この意味で「秘密委員会」は初期の制度化の失敗を埋め合わせするものである。すなわち当初この委員会は、国際精神分析協会の解散を目論んでいた。協会の中央執行部という公的体制に対して「宮中革命」を仕掛けるべくこの委員会は動いていた。[*63] ユンクに率いられた協会を否認し、少数精鋭（paladin）によってフロイトの「大義」を守ることが目論まれていた。[*64] もっとも、精神分析協会が解散される事態は、後にユンクが会長職を退き精神分析そのものから離れることによって回

＊61　ジョーンズからフロイトへの手紙（一九一二年七月三〇日付）。Paskauskas ed. (1993), p. 146.

＊62　フロイトからジョーンズへの手紙（一九一二年八月一日付）。Ibid., pp. 147. 強調引用者（フロイトとジョーンズの書簡は、ドイツ語と英語がその時々に応じて選択されている）。その前便となる七月二二日付のジョーンズ宛の手紙で、フロイトはユンクとの決裂を告げて、精神分析がもはや「私事」ではなく、協会と精神分析の「大義」がこの危機において問題となっていると書いている。

＊63　Schröter (1995), S. 537.

＊64　"Charlemagne's paladin". カール大帝の一二勇士の一人を指す（E. Jones (1953), (1) p. 172, 三二七頁）。M・グロートヤーンはこれをある種の「精神的護衛隊 spiritual bodyguard」と呼んでいる（Grotjahn (1973), p. 24）。

避された。公的な組織がどのように変わろうとも、それとは一線を画してフロイトの精神分析を擁護するという「秘密委員会」の存在は、ユンクが排除されて彼ら自身が公的な組織の代表となることで組織の分解を生まずに済んだのだった。そしてユンクがいなくなると、この委員会は対抗勢力としての意義を失ってしまう。[*65] いわば既存の学問と同様の制度化に精神分析運動は行き詰まり、それに代わって秘密裡の小サークルを生み出した。それはある種の組織防衛であったと言ってよいだろう。彼らは精神分析運動の方向をあらかじめ方向づけ、誰が精神分析家にふさわしいか否か回状（Rundbrief）を通じて話し合っていた。彼らは回状で、精神分析運動の様々な議題を論じ合い、その方向性を決めていた。[*66]

この委員会は、まさにフロイトが「もはやいなくなったとき」にもその力を行使し続けることになる。フロイトの文書の検閲という形で、である。

「秘密委員会」に至る精神分析運動の展開について、これを単にスキャンダルとして扱うべきではない。[*67] あるいは、精神分析そのものへの裏切りとして、さらにはフロイトという個人の特異性に託《かこつ》けて、つまりは偶発事として私はこれを論じるつもりもない。むしろ、秘密委員会に至る運動の過程を、精神分析に内在する問題として理解したいと思うのだ。

ジャック・ラカンは、この委員会が「フロイトのメッセージの純粋に形式的な保存」を目的にしていたと指摘した上で、しかしこの「形式的な保存（conservation）」によって、結局フロイトのメッセージは変容してしまったと批判している。[*68] 委員会のメンバーたちの資質に向けられているかに見えるラカンの批判は、むしろ精神分析の制度についての原理的考察に基づいている。問題はフロイトの諸概念を「教義」のごとく保守（conservation）することではなく、「現前しないシニフィアン」を浮かび上がらせること、すなわち、フロイト自身において言明されていない何かをテキストの読解から、諸概念を分離しかつ接合することで見いだすことであるとラカンは考えている（さしあたってラカンはその何かに至る方法を「スタイル（style）」と呼んでいる）。ラカンによる委員会の評価、つまり委員会はフロイトのメッセージを形式的に「保存」しただけだったという評価は、示唆に富んでいる。ラカンは別の場所で、分析家に対する「ファクシミリ」のような複製、すなわち想像的同一化で分析が終わることを批判しているが、[*69]おそらくフロイトと委員会のメンバーに対する関係にも同じことが言えるだろう。「保存」にしても「同一化」にしても、委員会のメンバーは精神分析を伝達していない。ラカンによれば、彼らはフロイトのメッセージを真に解釈する者が現れるまでそれを「保存」していたに過ぎない（ここでラカンは自分こそ、その解釈者だと言いたいのである）。ラカンによる「フロイトへの

＊65　Ibid.
＊66　G.Wittenberger / C.Tögel(1999).
＊67　例えばスキャンダルとして大仰に扱ったものとして次のものがある。P. Grosskurth (1991).
＊68　J. Lacan (1957), p. 458.
＊69　J. Lacan (1956), p. 476.

回帰」は、フロイトとは別の形で精神分析を再開することを目指している。フロイトの資料において決して現前することのないシニフィアンを、彼の「スタイル」によって更新することである。少なくともこの時点で、ラカンにとっての精神分析の伝達とはフロイトの教えの「保存」でも「同一化」でもない、たった一回しか起こらないこと、「現実的なもの le réel」をメルクマールとする出来事である。

さて、精神分析運動の主体は、この秘密委員会によってどのようなものとなったのだろうか。一方でこの運動は、世界各地に支部を持つ国際的な組織として拡大発展しつつあり、他方で委員会というフロイトを囲む非公式の小集団を形成したのだった。おそらくこの委員会は、精神分析を制度化することの困難を、さらに言えば不可能性の最初の徴候なのである。運動の主体は、少数の党のごときものとしてのみ存続した。この秘密委員会は、回状を通じて分析運動の行方について様々に議論している。それは、フロイトのウィーンを中継地点として、アブラハム（ベルリン）、フェレンツィ（ブダペスト）、ジョーンズ（ロンドン）を行き来していた。しかし、この委員会が精神分析運動のすべてに影響力を行使したと考えるのはおそらく過大評価である。[*69] また、秘密委員会は次第にその存在意義を変えていった。先に述べたように、当初この委員会は、国際精神分析協会の初代会長ユンクへの対抗を出発点にしていた。一九一二年から一九一四年にかけてがその時期で、そのとき委員会が最も固い結びつきを持っていた。フロイトは、ユンク率いる国際精神分析協会の解散を考えていた。現実には解散は回避され、多数派工作と造反によって運動からユンクを排除したことで当初の目的は果たされた。そしてヴィッテンベルガーによると、第一次世界戦争後から一九二七年までが次の活動期であったと区分けされる。[*70] その時期にジョーンズはフロイトに宛てて、委員会は対外的には精神分析運動を指導し、対内的には学問的に「調和させる」ことを目的にしていると書いている。[*71] その返事でフロイトはこれを是認している（「委員会 comité によって、精神分析の仕事はうまく回っている」）。[*72]

その一方で、次第にフロイトは表舞台で運動を指揮することから遠ざかっていく。戦争神経症がテーマとなったブダペスト大会（一九一八）に、フロイトはほとんど関与していない。そして一九二二年の大会を最後にフロイトが大会に参加することはなくなる。秘密委員会の団結は時を経るに従って揺らいでいく。「出生外傷 Geburtstrauma」を論じたオットー・ランクは次第に委員会から遠ざかり、一九二五年にはカール・アブラハムが病死する。秘密委員会の回状を

＊69 例えば、委員会の行使した影響力として次のようなものがある。モスクワグループを協会に受け容れるかどうかがあらかじめ委員会で諮られ（その「共産主義イデオロギー」が当初問題視されていた）、ザルツブルク大会（一九二四年）で公式に参加が認められる。他方で、アメリカのグループは当初からこのような影響の外で独自路線を歩んでいる。既に一九一三年の時点でフロイトは、アメリカグループの“Psychoanalytic Review”誌に書くことを拒否している（Wittenberger (1995), S.152ff, S. 89)。

＊70 Wittenberger (1988), S. 46.

＊71 一九一九年四月二日付。Paskauskas ed. (1993), p. 340.

＊72 一九一九年四月一八日付。Ibid., p. 341.

発掘したM・グロートヤーンは、一九二三年頃から回状の頻度が次第に減っていったと述べている。その年に、フロイトは最初の癌手術を受けており、フロイト無しに委員会の会議を開くこと、回状ではなく私信で遣り取りすることが提案されている。[*73]

一九二四年には、フロイトは委員会そのものがその性格を変えてしまったこと、そしてその解散を先取りして、フェレンツィに次のように述べている。

> 私は、後継者となるべきこの委員会より生き長らえたし、もしかすると国際精神分析協会よりも長く生きるかも知れません。望んで止まないのは、精神分析が私を超えて生き残ることです。[*74]

委員会はその後しばらく形式的に続いていき、そして国際精神分析協会も存続していった。このフロイトの言明で読みとるべきは、予言が当たったか否かではもちろんなく、フロイトが精神分析の生き延びに賭けた情熱である。

フロイトは、精神分析運動の主体であるという要件が、協会のような制度に担保されなくとも、そして秘密委員会のような取り巻きに守られずとも満たされる可能性に賭けていた。精神分析がいかなる形を取っても存続することを、フロイト自身を乗り越えて生き続けることを彼は願った。ただ、精神分析の内的構造を考えるとき、つまり、フロイトの体験を反復することが個々の精神分析であるとき、精神分析はいわばフロイトという一人の男によって汚染されたままである。しかし同時にこの「汚染」なくして精神分析は生き延びられないだろう。この「汚染」を取り除けないことによって、精神分析は「科学」でないと非難され、学としての基本要件を満たしていないと不信を抱かれるにもかかわらず、この「汚染」を決して捨てられない。ここで賭けられているのは、「多型的」な精神分析分析の「反復」の可能性である。すなわち、いかにフロイトから遠ざかりつつ、なおフロイト的体験を反復するか。そしてフロイトを「裏切り」つつ、かつ、いかにフロイトに「忠実」に場所なき場所を開くか、である。

われわれは、精神分析のセッションがいかに規則化されていくか、そしてとりわけ転移と反復についてフロイトがどのような思考をめぐらせたかを、次に見ていくことにしよう。

＊73　Grotjahn, Ibid., p. 35.

＊74　フロイトからフェレンツィへの手紙（一九二四年三月二〇日）。Haynal hrsg. (1993), III/1, S. 192.

第二章　精神分析の制度化とその不可能性

一九一一年から次々に書かれた一連の技法論は、精神分析におけるセッションの空間を立ち上げるものである。精神分析における技法が、それ以前の催眠やカタルシス療法と歴史的に密接な連関を持つことは確かであるが、この一連の技法論でフロイトが目論んでいるのは、精神分析を自律した実践として位置づけることである。一方において、「転移」という現象を、フロイトはこれまでになかったやり方で捉え直す。フロイトは転移を精神分析的に価値づけ直すことを通じて、分析空間の「規則」を記述していく。他方で、精神分析を自律した実践たらしめようとするフロイトの目論見は、職業化という形での精神分析の制度化へ向かう。フロイトが打ち立てた運動の主体を永続化しようとすれば、それを制度化によって担保しようとする動きが出てくるのは、ある意味当然であると言える。この章の前半では、フロイトが精神分析空間の規則を可能な限り明示し、分析家がいかに振る舞うべきかを解説している一連の技法論を参照する。後半では、フロイトが精神分析を「不可能な職業」と呼んだことの意味を考察する。

フロイトは精神分析の技法についての論文を一九一一年から次々と発表している。[*1] まさに精神分析運動が拡がりを見せ制度化へと向かうこの時期に、第三者に公開することにも、また観察されることにも馴染まない精神分析のセッションを具体的に説明し、分析家がどのような原則の下にその技法を用いるのか具体的に解説する必要が出てきたのである。そこで論じられている内容は、精神分析の基礎概念でもある転移という現象をどう扱うのかについての指示から、セッションに際して分析家はどのようにノートを取るのかといった具体的な疑問に対する答え、さらには職業としての精神分析家のあり方にまで及んでいる。

この意味で、ここで展開された技法論は、単に神経症の治療という目的をいかにうまく達成しうるかという手段だけに還元できない、さらに大きな射程を持つものである。それらは、精神分析の空間とは何なのかということについての根源的な問いを立て、それを思考しながら分析空間そのものを切り開くものである。

精神分析の空間を作るとはどういうことか。われわれは、分析家がいて患者がいれば分析空間がもうそこにあると想定してしまう。しかし、フロイトが技法論で作り出そうとしたのがまさにこの分析の空間であって、フロイト以前にはこのような空間は存在しないのである。フロイトが技法論でやろうとしていることは、あらかじめ存在している精神分析の空間の中でどう振る舞うかという指示、助言のみならず、この精神分析の空間そのものを開き、立ち上げることである。たとえこれらの技法論以前に、フロイトが精神分析に従事して既に十年以上が経過しているとしても、フロイトはあらためて分析の場所を技法論によって未知の他者たちに向けて書きつつ開かねばならない。フロイトがそこでしていることは、彼以外の他者たちが精神分析空間に住まうことができるようにすること、その中でセッションが行われ、理論的な彫琢が行われ、さらに分析家がそれを職業にして生きていけるようにすることである。精神分析がフロイトによって確立された方法で実践されていることとはまったく別の事柄として、それは言語化することによって他者に伝達されねばならない。

フロイトが論じている技法は、理論のみならず、分析家の倫理と分かちがたく結びつき、さらに、社会において分析家としていかに生計を立てるのかという極めて現実的な話題にまで及んでいる。技法論の名による「医師たち」への一連の教示は、それまでこの世界に存在しなかった職業をつくること、かつて開かれたことのなかった分析空間をつくることを同時にしているのだ。フロイトの技法論は、精神分析の基本原則（Grundregel）を定めるものである。後の分析家が、フロイトの定めた技法に修正をもたらしたとしても、それがフロイトの技法論と同じ地位を持つことはない。なぜならその修正それ自体が、フロイトの技法論が切り開いた空間の

＊1　これらはフィッシャー社の研究用廉価版（Studienausgabe）では「一九一一年から一九一五年までの治療技法論」としてまとめられている。われわれが対象にするのはこの時期の技法論である。

中で為されているからである。フロイトの技法論は、いうなれば精神分析の法を措定するものであり、それまで存在しなかった営みを立ち上げる言説である。フロイト以降の技法論は洗練をもたらし、あるいは革新をもたらすかも知れないが、しかしそれらがフロイトの技法論が為しているのと同じことを遂行することはできない。

精神分析の空間が、催眠とも精神医学とも異なるそれ独自の規則を持つものとして作り出すこと、つまりは自律性のあるものとして描き出すことが、一連の技法論において目論まれている。最初に、フロイトの転移という現象に対する考え方の変化を、「自律性」というキーワードの元に追跡してみよう。

転移の価値づけ

始まりの光景とはいかなるものなのか。精神分析の空間の始まりを捉えようとする試みは、たちまち行き止まりにぶつかる。患者は何から話し始めてもよい。幼児期の記憶、病歴、最近のエピソード、さらには分析関係そのものについてありとあらゆる事柄に言及することが許容される。セッションが自由連想という原則によってたちまち多様性と混沌の様相を呈するのは想像に難くない。フロイトは、分析のセッションを支配している「ゲームの規則 **Spielregeln**」を記述することによって、分析空間を切り開く。規則とそれが支配している場所は同時に立ち上がる。

フロイトによれば、患者は分析家に対してそもそもの初めから「完成した転移の態度」で接する。[*2] 同様の記述は、『精神分析入門講義』にもある。「転移は治療の初めから患者に生じており、作業の最も強力な促進力であるということをさしあたってはっきりさせておこう」。[*3] セッションでは、患者の分析家に対する感情転移が既に起きている。この転移の取り扱いこそ、精神分析の根幹を為すものである。なぜなら、この転移の中で「症状のすべて」が反復されると考えられているからである。分析家は、既に生じている転移がどのようなものであるかを「ゆっくりと発見」していくしかない。転移の成長と生成を初めから観察することは不可能である。それは既に「完成した」ものとして現れる。この時点で、分析空間の起源を捉えようとする目論見は頓挫してしまう。

フロイトが転移をいかに理解していたかについて、ここで簡単にその歴史を振り返ってみよう。フロイトの語るところでは、転移は「望ましからぬ発見」であった。精神分析以前にヨーゼフ・ブロイアーのカタルシス療法においてそれは感知されていた。カタルシス療法においては、患者を催眠状態のもとで話させる。ブロイアーは、女性患者が彼に対して示した恋着を彼

＊2　Freud (1913a), S. 457,（一三）二四四頁。
＊3　Freud (1917), S. 460,（一五）五三五頁。

自身に向けられたものであると思い見なして当惑し、治療の場から立ち去ってしまった。神経症の背後にあるセクシュアリティの領域を前にしたブロイアーの「逃亡」を、フロイトはアブラハムへの手紙（一九一三年一〇月二六日）の中で回想している。そしてユンクもこの同じ場所で逃げていったのだと述べられる。そこに精神分析の「核心 Kernpunkt」がある。[*4] しかし後に見るように、転移が垣間見させるセクシュアリティの領域は、反復という概念によって、括弧の中に入れて捉え直されている。『ヒステリー研究』においてフロイトは、転移という現象が「頻繁に」、それどころか「多くの分析において必ず起きる出来事」であると述べている。過去の誰かに向けられていた強い情動が治療者に対して甦るという「誤った結びつき」——「不釣り合いな結婚 Mesaliance」とも呼ばれる——は、分析に際して決まって起こる。[*5] この「妨害」をはっきり意識させなければ治療は進まないとフロイトは述べる。そして少なくとも一九〇五年の時点でも転移は、ある出来事の想起を旨とする分析が除去すべき「障害」であると考えられていた。フロイトは被分析者の分析家に対する感情が人工的なものに過ぎないと告げて、それを何とか取り除こうとしている。転移現象は、記憶の欠損を埋めるという目標に対する抵抗として位置づけられている。パトリック・マホーニーが強調するように、一九〇九年の一〇月から一九一〇年九月までのエルンスト・ランツァー（ねずみ男）の分析の時点でも、転移は定まった概念としては存在しない。[*6] フロイトは、転移を操作の対象として、あるいはその中で分析が展開する場所として捉えていない。ねずみ男の分析は、フロイトによる精神分析についての

「講義」である側面が目立つ。さらに、恋人ギゼラの写真を持ってくるように命じ、あるいは、一度セッションが終了すれば、食事を与えたり本を貸し与えたりと明らかに転移という現象についての不注意な取り扱いが見受けられる（後にフロイトは、セッション前後の分析家と被分析者の遣り取りも、転移関係の中で考えるようになる）。われわれがここで論じている一九一一年から一九一五年の一連の技法論を経て、ようやく『精神分析入門講義』（一九一七）で、「転移は、あらゆる相互に格闘している力が出会う戦場（**Schlachtfeld**）となる」という見解に初めて至る。[*7]

転移は、人間の心的なものに備わった現象として、よって分析セッションの外側でも観察されるものとして記述される一方、精神分析による「発明」としての地位を持っている。それが「発明」であるのは、転移概念がフロイト独自の「価値づけ」において生み出されたという側面があるからである。転移という現象はブロイアーのカタルシス療法の場面にもあったし、病院のような施設においても生じている。[*8] しかし、精神分析は、転移を概念化することによって、

＊4　H. Abraham / E. Freud hrsg. (1980), S. 149.
＊5　Breuer / Freud (1895), S.309,（二）三八六頁。
＊6　Mahony (1986), p. 98.
＊7　Freud (1917), S. 472,（一五）五五一頁。
＊8　「転移現象はそこ［病院など］でも生じているのであって、それはそのようなものとして価値づけねばならない」。Freud (1912c), S. 372,（一二）二一八頁。

転移をそれとして価値づけすることによってそれ独自の空間を生み出す。

フロイトの転移概念の練り上げは、医師に向けられた患者の好意的な、あるいは敵意ある感情が「本物」ではなく、かつて誰かに向けられていた古い感情の反復であると見なすところから始まる。ある過去が、分析家に対して転移する（"Übertragung"には、「転送」「転写」「中継」の意味がある）。転移は反復の一部であるとフロイトは述べている。[*9] ここで前提されているのは、症状は反復するという認識である。その反復の一部として転移は生じる。フロイトは、転移という現象、ある人物に過去の誰かに対する感情を重ねることが、分析の外でも起こっていると述べる。まさに、精神分析以前のカタルシス療法においてブロイアーが直面しなければならなかったのが、転移性の恋愛感情であったのだ、と。

フロイトは、転移を反復の一部とすることで一般化しつつ、そこで転移が操作の対象となる場所として精神分析空間を作り出すべく転移概念を彫琢していく。[*10] まず第一に、転移における感情、例えば恋愛的な感情は「他と比較できない inkommensurable」ものである。その意味は、至る所で転移のようなことが起きているということとはまったく別に、それをある特殊なものとして対象化しなければならないことを意味する。すなわち転移を単なる治療過程における偶発事、付随現象としてではなく、それをそれとして価値づけることである。転移的な恋着は、決して医師の人格的魅力に帰すべきものではなく、転移という状況がもたらした人工的な感情である。第二に、転移が展開する場所は、現実の社会とは切り離されたある特別の場所である。

フロイトはそれを「中間領域 Zwischenreich」と呼ぶ。転移によってもたらされる感情は「非現実のもの etwas Unreales」であり、分析家がいる分析空間は、被分析者自身とその人生の「間」に作られるものである。それは、どこにもない抽象的な場所である。[*11]

転移は、単に反復的に過去（症状）をセッションの場に「移す」のではない。かつての症状が機械的に分析空間に再現前するのではない。フロイトによれば、転移として現れるのは、かつての病いの「新版 Neuauflage」であり、この新版は古い病いの「作り変え umschaffen」を経た新しい何物かである。[*12] 同じものが反復するのではなく、まったく別のものの現れを反復として捉える視点がここにはある。この点については後述しよう。転移をこのように理解することで、フロイトは、「想起」か「行動化」か、という自ら立てた二項対立の外側を指し示そうとしているように見える。フロイトは、病因となった過去の出来事を想起することが精神分析による治療の基本であり、さらに、この想起への抵抗を克服することこそ、その課題であると再三述べ

＊9　Freud (1914b), GW X, S.130,（一三）三〇〇頁。

＊10　分析空間において、転移はそれを通じて欲動にアクセスする「手綱 Zügel」であり「枷 Band」であると言われる。Freud (1914b) S. 134,（一三）三〇四頁。

＊11　「転移は、患者と人生との間に中間領域を作り出し、それを通じて前者［神経症］から後者［転移神経症］への移行が生じる」。Ibid., S.135,（一三）三〇五頁。同所では「われわれは、患者に転移を遊び場（Tummelplatz）として開く……」とも言われている。第三章註46を参照のこと。

＊12　Freud (1917), S. 462,（一五）五三七頁。

ていた。それは、「記述的」には記憶の隙間を埋めることであり、「力動的」には、抑圧の抵抗を乗り越えることなのだとフロイトは解説する。[13] ところが、分析家がいくら想起を促しても、記憶はいつも呼び覚まされるわけではない。このとき被分析者は、忘れられたことを想起する代わりに、行為で表す（agieren / acting out）とフロイトは見る。言語的な再生ではなく、行為によって症状は反復される。例えば、両親に対するかつての反抗的態度を思い出す代わりに、分析家に対して反発するといった例が挙げられる。抵抗が大きければ大きいほど、想起は行為に取って代わられる。患者が行為によって発散し、脇にそらしてしまうことを、想起によって解決したとき、分析家はそれを勝利とすべきだとフロイトはコメントしている。

　このように、想起か行動化かという図式は、フロイトの考え方を強力に規定している。しかしフロイトの転移概念は、想起／行動化とは別の次元をも開いている。そのことを見る前に、想起することによる症状解消という考え方がいかなるものか簡単に確認しておこう。

　想起を旨とする分析において究極目標となっているのは、ある種の「一致」である。一致とはすなわち、病因となったある出来事の忘れられた断片を、それが本来あった場所に正しく戻すことであり、パズルのピースを合わせるかのような合致、符号のことである。あるいは、病因となった出来事にふさわしい情動、正しく「浄化《カタルシス》」されるべきだったのに逸せられた情動を取り戻すこと、つまりは、出来事と情動を正しく対応させることである。[14] このように想起が前提にしているのは、出来事の連関を、あるいは出来事と情動を正しく一致させることである。

ここには、精神分析がブロイアーのカタルシス療法をその前史として持つという歴史性の刻印が認められる。

しかしフロイトは、再現と一致を目標にする想起による治療とは別のものを同時に提示している。ある患者の母親に、病因の解明に有効と思われる幼少期の「事実」をフロイトが聴き取りそれを患者に伝えたところ、症状が解消されないばかりではなく発作を起こし、さらに、後に患者はその内容を完全に失念していたということがあった。あるいはフロイト自身が、外傷的出来事についての「正しい知識」を患者に伝えても、患者は知らないときと同じように振舞う。ここから得られた教訓は、「意識的な知識」は抵抗に対して無力であるということだとフロイトは述べている。[*15] われわれの表現を用いれば、フロイト自身が、想起を通じての再現、一致による治療の限界を認めているということを、これらの事例は示している。フロイトはこのような失敗から、心的プロセスを「位相的に異なった topisch differenziert」ものとして理解する契機を得ている。すなわち、抑圧され忘れられているもの、被分析者の「無知」は、単なる欠

*13　Freud (1932), S. 261,（二〇）二七九頁。
*14　ブロイアー／フロイトの『ヒステリー現象の心的機制』における心的外傷の概念を解説して、アブラハムは次のように書いている。「ある心的外傷は、それと結びついた情動が即座に搬出されないなら、病的症状によって表現されるより他ない」（Karl Abraham (1909), S. 547）。
*15　Freud (1913a), S. 265,（一三）二六五頁。

落としてあるのではない。『強迫神経症例の一例についての見解』のある注で、フロイトは記憶が「改変」を経ており、想起される際に「性愛化」されると述べている。幼児期に起こった出来事、その光景は「一つ以上のヴァージョン」を持っている。幼児期についての記憶は、「複雑な作り替えのプロセス」のもとにあり、後年になって初めて確定する。ここで生じている「書き換え」とは、出来事の「性愛化」として把握される。すなわち、自体愛的な、つまりは対象を欠いた時期の性愛活動が、対象愛の段階へと事後的に「格上げ」される（例えば、誰かに誘惑される場面がそれである）。記憶痕跡は、「性的関心」を以てその痕跡をなぞられる。フロイトはこのような記憶の作り替え、性愛化が、ある場面の再現を邪魔するノイズであり、したがって取り除かなければならないものではなく、不可避の事態であると見なしている。*16 想起がこのように理解されているとき、もはや単純な再現が最終目標となっていないことは明らかであろう。こうしてフロイトの転移概念は、もはや再現や一致を目指さない語りを生み出す。それは反復の意味を根本的に変化させるのである。

『想起、反復、反芻処理：精神分析技法への続助言（二）』（一九一四）において、フロイトは、通常の想起とはまったく別の心的プロセスに言及している。分析セッションにおいて、気づかれたことがなく、したがって忘却の対象ともならないことが「想起される」ということが起こる。このような「想起」は、通常の体験したことの想起とは異なるという。

純粋に内的な活動として印象や体験と対置される、［想起とは］別の心的諸過程のグループ、つまり幻想や関連過程、感情の動き、意味連関は、忘却と想起との関係において別個に考察する必要がある。ここで頻繁に起こるのは、一度も気づかれたことがなく、かつて意識されたこともないわけだから、そもそも「忘却」されようのないことが「想起」されるという事態である。さらにこの心的過程において、このような意味連関が意識されて後に忘れられたのか、あるいは一度も意識化されなかったのかは、まったく重要でないらしいのである。[*17]

フロイトはこのような事柄を、「想起に従属しない」ものであるとする。それは、対応する現実を持たない。つまり一致を欠いた語りである。ただしここで重要なのは、現実との対応物を欠いた、想起とは関わらない語りを、フロイトがなおも反復されたものと捉える視点を捨てないということである。「被分析者は、治療のあいだ、彼の症状のすべてを反復する」[*18]。このような把握が可能となるのは、分析セッションにおいて生じたことの「すべて」を反復されたものと見なす概念的創造によってである。転移において生じていることが、過去の単なる反復ではなく、「作り替え」を含む症状の「新版」であるというフロイトの見解に先に触れた。ここで述べ

＊16　Freud (1909a), S. 429,（一〇）二三三頁。
＊17　Freud (1914b), S. 128,（一三）二九七頁。
＊18　Ibid., S. 131,（一三）三〇一頁。

られていることは、転移における反復が、もはや特定の過去とは関わらないということであり、オリジナルを欠いた反復をも含んでいるということである。

フロイトは一方において、想起すること、言葉による出来事の再現を治療目標とし、過去を再体験させることが症状解消の手段だと考えている。例えば、分析家との関係においてエディプス的葛藤を蘇らせ、それを再体験するといったことである。他方で、もはや体験に関わらない、つまりは想起でも再現前でもない心的プロセスを射程に入れることで、しかも反復の概念を維持したままで、「すべて」が反復する場所として分析空間を設定する。反復されるものは、アクチュアルなものと捉えられる。「われわれは、患者の病気を歴史的事柄としてではなく、現在的な力として扱う」[19]。それ自身の歴史を持つ症状は、分析の場で「何か現実的かつ現在的なもの etwas Reales und Aktuelles」となる。こうして、反復の一部としての転移状況は、想起という目標に必ずしも限定されることなしに展開し、徹底操作（durcharbeiten）し、完遂する（durchführen）べき状況となる。想起への抵抗のみならず、分析状況で生じるあらゆる抵抗が、細部に至るまでそこに沈潜し、やり通すべきものとなる。[20] 転移において、分析される側のあらゆる愛の条件、あらゆる性的渇望の幻想、あらゆる惚れ込みの個性が明るみに出される。[21]

反復の一部としての転移が生じる精神分析空間について、フロイトがどう形容しているかを見れば、それが新たな場所の制作であることが理解される。先に見たように、転移において体験される感情は「非現実」のものである（それは古い感情の「模造品 Abklatschen」とも呼ばれる）。にもかかわらず転移状況は、「現実的《アクチュアル》」なものとして詳細に吟味され、その中を生きなければならない状況としてある。すなわち、偽としてのリアルをフロイトは分析空間として設定したわけである。

＊19　Ibid.

＊20　換言すれば、もはや「内面」はここで問題にならない。すなわちトラウマ的表象を内面化＝記憶化（er-innern）した真の自己を発見することは問題ではない。フロイトは徹底して、「表層」、「間」を論じようとしている。すなわちここでは、分析家と被分析者がつくる「表層」であり、「間」である。「間（境界）」は精神分析の極めて重要な概念が生成する場所である。例えば、『欲動とその運命』（一九一四）における欲動の定義を思い出してみよう。「……心的な営みを生物学的観点から考察してみると、欲動は精神的なものと身体的なものの境界概念であると考えられる」。欲動は心的代表を通じてのみ、つまりは表象代表によってのみ接近可能である。あるいは、『心理学草案』（一八九七）では、「接触防壁 Kontaktschranke」がこの論文全体を通じてのキーワードとなっている。ここで問題になっているのは、記憶のメカニズムである。まず、知覚に関わる透過性ニューロン（刺激に対して抵抗せず、何も滞留させない＝「Φシステム」）と記憶に関わる非透過性ニューロン（抵抗を持ち、刺激を量として残す＝「Ψシステム」）の存在が仮定される。後者は、ある刺激に対して抵抗を示しそれを痕跡として残すが、量的なものしか扱えない。フロイトは、いくつものΨシステムの間に「通道 Bahnung」が生じることで、初めて質的なものとしての記憶が可能になると論じる（「記憶は、Ψニューロン間に存在する通道によって表される」。「記憶はΨニューロン間の通道の差異によって表される」（Freud (1897), S. 393,（三）一〇頁）。

＊21　Freud (1915b), S. 315,（一三）三一九頁。

このような把握は、概念による創造によってこそ可能となる。フロイトは、同時期に書かれた『欲動とその運命』（一九一五）において、科学における観察と概念の関係について次のように述べている。

科学は、明晰で正確に定義された基本概念の上に構築されているべきだという要請が主張されるのをわれわれはしばしば耳にしてきた。実際のところは、いかなる科学もそのような定義から始まらないし、最も厳密な科学もそうなのである。科学的営みの本当の始まりはおそらく、諸現象の記述にその本質があり、それらがより広範にまとめられ、秩序づけられ、関連の中に置かれるのである。記述する際に既に、ある種の抽象的な理念を素材に適用することが避けられない。この理念は、新たな経験からだけではなく、どこかから持ってこられたものである。このような理念――それは後に基本概念となる――は、さらなる素材の処理においてもまた避けることができない。これらの理念は、さしあたってある程度の不確実性を含んでいる。その内容を正確に描き直すことは問題にならないのである。理念がそうである限り、その理念の意味は、繰り返し経験的素材に注意を払うことによって知られるものとなる。理念は、この経験的素材から取り出されているように見えるが、しかし実は、［素材が］理念に従属しているのである。[*22]

サミュエル・ウェーバーが述べているように、この一節はフロイトの思考様式と書き方のよい例示となっている。観察された対象の記述から抽象的理念が導き出されるのだが、他方、対象の記述は不可避に理念を前提としている。このようなプロセスを経て形成されるフロイト的概念は、それ自身を表現すると同時に表現しない（隠す）[*23]。メタ心理学な方法論についての導入で書かれたこの箇所は、転移の概念にこそむしろよく当てはまるのではないだろうか。確かにフロイトは転移という現象を観察し、それを記述したのだったが、フロイトは転移をそれとして価値づけ、明らかに新たな概念を作り出したのだった。フロイトは、転移現象として現れたものを単に記述したのではなく、それをそれとして「価値づけた」のである。ただしフロイトはそこかしこに転移現象を見いだし、それによって転移現象の遍在性を主張しようとしたのではなく、概念化することで、転移を転移として価値づける唯一の場所として分析空間を作り出したのである。経験的素材が終始理念に従属しているという、科学一般について述べたフロイトの先の言明は、フロイトがそうであることを願った科学性よりも、精神分析の概念が決して経験的素材に還元されない「過剰さ」を持っていることをむしろ示している。

　精神分析を開始するにあたって、フロイトにはモデルがなかった。分析家の方法は、「現実生

＊22　Freud (1915a), S. 210,（一四）一六七頁。
＊23　S. Weber (1982=2000), p. 69.

活」がいかなる模範も与えてくれないものである。[*24] 外科医や化学者がたとえ模範として言及されたとしても、そもそも分析家が行うこととは初めから異なるのだ。何が精神分析にとってふさわしいもので何がそうでないのか、モデルが実質的に存在しない以上、手探りで進めていくしかない。

ここでは分析空間と分析家について見てみよう。分析が行われる空間の配置は、精神療法の歴史とフロイト個人の嗜好とが同居している。寝椅子とその背後の分析家という配置は、一方では催眠療法の「名残」である。催眠者が陣取っていた場所に、分析家は位置している。他方でそれは、フロイト自身が被分析者と正対し、日に八時間も凝視されることに耐えられないという「個人的理由」に基づいている。もちろん、フロイトはこの配置にも理論的かつ実践的に裏づけを与える。患者の視覚欲動を刺激しないこと、分析家の表情によって連想が妨げられてはならないことが重要で、そのためには分析家が「不可視であること（見通せないこと）」、視野に入らないこの位置取りこそ適切なのだ、と。

またフロイトは、分析家はセッションの間、平等に漂う注意を以て聴取すべきだという。これは先入見を捨てるということとは少し異なる。フロイトは当時普及し始めた電話の受話器を例に挙げて、音波（被分析者の声）を電気信号に変換し、さらにそれを理解可能な言語に置き換えることこそ、分析家の態度だと述べる。分析家は自らの無意識をある種の「装置」として使わねばならない。その装置に書き込みが生じる。ノートに聴取したことを事細かに記さなくても、その装置に記録されるのだとフロイトはいう。これは医師や専門家が持っている（はずの）洞察力や魔術——患者を一目見ただけで診断を下してしまうといった——とは異なる。フロイトは分析的聴取において、「科学的関心」を捨てるよう助言する。あらかじめ描いた症例分類を通して患者の話を聴くこと、あるいは、「構造」を組み立てて話の進展を予想することも避けるべきことだとされる。ここに至って精神分析の技法は、科学と対立し、それに優先することになる。「科学的価値づけ」は精神分析の成果を損なうのである。[*25] この分析家の態度は、被分析者の自由連想と対を成すものである。分析家はセッションが行われる部屋の装置であり、機械であり、かつ被分析者の自由連想における率直さに見合う誠実さを持つ存在でなければならない。

職業としての精神分析

さて分析空間の自律を確立するためには、分析家が技法を持つだけでなく、その技法を職業的に用いることができなければならない。精神分析運動が倫理的運動や宗教運動となることを

＊24　Freud (1915b), S. 314,（一三）三一八頁。
＊25　Freud (1912d), S. 380,（一二）二五一頁。

ユンクやフェレンツィが夢想したしたとき、フロイトは頑としてそれを退けた。フロイトはユンクに宛てて、「私を教祖（Religionsstifter）だなどと考えないでください」「宗教の代用など私は考えていません」と精神分析の組織が宗教的組織であってはならないことを訴えた。[*26] 精神分析は、理論であり、治療実践であり、そして何より職業でなければならない。

一連の技法論は、精神分析を職業として制度化するという目論見を含んでいる。分析家は、時間を「賃貸し」する存在であるとフロイトは言う。それは音楽教師や語学教師がしているのとちょうど同じである。[*27] さらに分析家は、報酬に対する関心を隠さない存在であるとフロイトは述べる。隣接しかつ競合する分野である精神医学の医師たちに見られる「非利己的な博愛主義」は偽善として退けられる。分析家は、分析が自己保存の手段であることを否定しない。

フロイトは、職業としての精神分析を、理論のみならず倫理とも結びつけながら論じている。無料診断（Gratisbehandlung）は、分析家が使うことのできる時間を奪ってしまう（すなわち収入を減少させる）だけでなく、分析セッションそのものを停滞させるとフロイトは考えている。[*28] 国際精神分析協会のブダペスト大会（一九一八）のテーマは戦争神経症であり、そこには戦争神経症の治療に関心を持つハンガリーやドイツの当局者が参加していた。ここでフロイトが変則的な精神分析の拡大適用に言及したことのきっかけは、このブダペスト大会であったと思われる。報酬を受け取らないことによって、分析への抵抗はむしろ増大する。患者は分析家との転移関係にいつまでも留まり続け、分析以外の何物かに転化してしまう。フロイトの「転移神経症」という着想は、実際の症状を転移という空間に移し、その関係そのものを一時的な――先に見たように現実には存在しない関係における――症状＝代理満足とするというものである。無料での分析は、代理満足としての分析関係を永続化させることを意味している。むしろ金を取ることとは、患者が分析をやめる理由を与えるものであるとフロイトは述べている。[*29]

この職業化という要請は、分析家の側の禁欲原則にも関わる。患者の愛の要求に応えることは「命取り」となる。すなわち、転移関係を恋愛関係にしてしまうなら、分析はそこで終了してしまう。分析家と患者との恋愛関係という「社会的に組み入れられていない充足」ではなく、不確かではあっても、心理学的にも社会的にも非難の余地のない充足をこそ、分析は目指さねばならない。[*30]ここからわかるように、分析家の倫理的要請は、分析理論から内在的に導かれると同時に、精神分析を職業化するという目論見からも導かれている。なぜフロイトがわざわざ

＊26　フロイトからユンクへの手紙（一九一〇年二月一三日）。McGuire / Sauerländer hrsg. (2001), S. 137,（下）二一一頁。
＊27　Freud (1913a), S. 458,（一三）二四六頁。
＊28　『精神分析治療の方法』では、精神分析を大衆に対して無料で提供することの可能性が触れられている。しかしそこでの分析は、催眠との折衷である。Freud (1919), GW XII, S. 193,（一六）一〇四頁。
＊29　他方、ベルリンのポリクリニック（一九一八―一九三三）は午前中一般に開放され、無料分析が通常の分析と並行して行われていた（Danto(2005)）。
＊30　Freud (1915b), S. 319,（一三）三三五頁。

このように職業倫理に言及しなければならなかったかというと、さまざまな「情事」が弟子とその患者たちの間で持ち上がっていたからである。ユンクはロシア出身のザビーナ・シュピールラインと分析関係を持っていたが、恋愛関係に変容してしまい、フロイトは問題を収拾すべくユンクとシュピールラインの双方と手紙で遣り取りしている。

ここで精神分析の職業化について、サラ・ウィンターの議論を参照しよう。ウィンターの関心は、精神分析の知識がいかに自律性を獲得し、文化的に「成功」したかを論じることである。精神分析の職業化こそそのような成功に大きな役割を演じていたと見るウィンターは、M・S・ラーソンやA・アボットらの専門的職業（profession）の社会学に依拠しつつ論を進めている。[*31]ウィンターによれば、フロイトによる精神分析の職業化はこれらの社会学者が解説する、近代における多くの専門的職業に「典型的」な方法をなぞっている。[*32]彼女がラーソンから引き出すのは、専門的職業が（他の職業と異なり）自らの仕事を自己定義し、管理する「自律的な自己規定性」である。専門的職業は、その専門的知識に基づく技法やサービスが何であるかを自ら規定し、それを他領域から口出しされ評価されることを「耐え難い」ものとして退ける。つまりその知識や技法の有効性と問題点について最もよく理解しているのは他ならぬその専門家集団であり、さらに、彼らが提供しうる技法やサービスの価値と有用性を定義するのも彼ら自身なのである。ウィンターによると、フロイトの精神分析は大学における独立した学問分野となることに失敗したがために、専門的職業化という「戦略」を取らざるを得なかった。よって、

「フロイトの文章の最も重要な専門的職業化の課題は、専門的実践と知の形態として精神分析に自律性があることを主張するということだった」[*33]。この自律性というキーワードに、彼女はアボットが論じている専門的職業の「独占」ならびに「競争性」という性格を結びつけて、フロイトによる精神分析の職業化がどのようなものであったかを論じていく。

ウィンターによれば、『素人分析の問題』（一九二四）こそ精神分析が職業として自律する「マニフェスト」である。すなわち精神分析家であるためには、医学を修めている必要はない。

---

*31　Magali Sarfatti Larson, *The Rise of Professionalism*, Carifornia: University of California Press, 1977. Andrew Abbott, *The System of Professions*, Chicago: University of Chicago Press, 1988.

*32　S. Winter (1999), p. 126. もっとも、ラーソンによる専門職業化の社会学的考察は、アングロ・サクソン社会を対象にしたものであり、ヨーロッパのそれを論じたものではない（Larson, ibid., xviii）。両者の大きな違いは、次のように要約される。「アングロ・サクソンモデルの専門職業化は、市民社会から現れ、市場に適応した。他方ヨーロッパ大陸モデルでは、専門職業化は行政事務部門から押し出され、しばしば国家機関によって強化された」（Larson (1984), p. 32）。ラーソンが専門的職業で想定しているのは、医師、法律家、土木技師、建築家などである。

*33　Ibid., p. 132. 他方ラーソンは、専門的職業の自律性が国家の存在を前提にしていると指摘している。専門的職業が持つ自律性や名声、権威は、その専門的職業集団がそう主張することだけでは手に入らない。専門的職業の自律性を最終的に担保するのは国家であり、国家がその権威にお墨付きを与える。たとえ市場が提供されるサービスの価格を設定するときでも、専門的職業集団が特殊な知識と技法を「持っている」ことを認定し、彼らを権威づけるのは、最終的に国家に委ねられている（Larson (1984), p. 34）。

素人（Laien）あるいは非医師であっても分析を行うことができるとフロイトは当該論文で訴える。むしろ分析家であるためには自らが教育分析を受けていなければならないこと、精神分析の機関が定めた課程を修了していることが何より重要であるとフロイトは主張するのである。医学という隣接し競合する他領域に精神分析が依存しないこと、それどころか、医学は神経症の研究と治療に対して何もしておらず、さらには誤った見解、害をもたらす認識さえを持っていることが論じられる。[*34] このような主張は、ウィンターに従えば、精神分析が専門的職業としての自律性を持つことを文中の対話者に納得させるものである。なるほど、『素人分析』の主な目的は、精神分析の専門的技法の自律を認めさせるものであるように見える。精神分析が医学に吸収され、併合されることはない。「精神分析が医学に飲み込まれ、その短命な効用が大衆の怠惰と怯懦に負っている催眠暗示や自己暗示、説得といった手法と並んで、精神医学の教科書にその最終的な腰の落ち着け場所を見いだすことを、われわれは価値あることだとはまったく思わない[*35]」。というのも、医学部で医師を養成する課程で行われていることは、精神分析の準備に必要となることとは「ほぼ反対のこと」だからである。[*36] 客観的に確定できる解剖学や、生理学、化学等を学ぶ医師に対して、高度に精神的な機能を研究する精神分析に必要なのは、むしろ「無意識の心理学」であり、セクシュアリティ研究であり、神話学、宗教学、文学である。これらの分析に必要な知識は医学部では獲得できない。精神分析は医学とはまったく「別の分野」なのである、と。精神分析の実践は、精神分析の機関が認定した養成過程を経た者にのみ許されるべきである。国家による認定や資格賦与が、精神分析にはそぐわないとフロイトは主張する。要求されているのは、専門知識に裏づけられた資格であって、それを認定できるのは精神分析の機関しかない。何といっても、精神分析は「無類の sui generis」経験であって、まったく新しい洞察（もしくは仮定）に基づいているのだから。

フロイトは精神分析の自律――他分野への非依存――を主張するばかりではない。さらに踏み込んで、諸学問分野に新たな洞察を与えることのできる、学問中の学問として、フロイトは精神分析を提示しさえする。心理学に基礎を与えることができるのは他ならぬ精神分析であることが言われる。哲学者や詩人、歴史家や伝記作家がおのおの心理学を作っているが、そこには「共通の基盤」が欠けている。精神分析こそ、この基盤を与えることができる、と。[*37]

確かに、ウィンターが論じるように、フロイトが精神分析の制度化へ向けて歩を進める過程において、その自律性を主張し、説得することが極めて重要な任務であったことが伺える。まさしくわれわれがこの章の前半で見たのは、転移概念が精神分析の理論的ならびに実践的な自律性を確保するものであるということだった。さらに職業化という方向付けは、まさに他の専

＊34　Freud (1926), S. 264,（一九）一六五頁。
＊35　Ibid., S. 283,（一九）一八六頁。
＊36　Ibid., S. 262,（一九）一六四頁。
＊37　Ibid., S. 219,（一九）一一六頁。

門的職業と精神分析を差別化し、その正当性の承認を求める動きとして理解できる。しかし、フロイトの精神分析の制度化、とりわけ職業化を含むそのプロセスは、自律性の獲得として理解するのを妨げる要素がいくつもあると言わなければならない。

ウィンターはフロイトには「戦略」があったのだと繰り返し述べている。ウィンターの主張に従えば、フロイトは「戦略」を以て周到に精神分析を職業化し、その生き残りの道を模索したことになる。しかしながら、よく知られているように、フロイト自身は、教育すること、統治することと並んで、精神分析を「不可能な職業」と呼んだのだった。精神分析には、「戦略」には決して還元できない内在的なダブル・バインドがある。

制度化の不可能性

精神分析とは何であるのか、そして精神分析家が何を為す存在であるかは、決して自明ではない。M・ヴァイメーアは、職業としての精神分析家には「主要課題 Primäraufgabe」に分裂があると論じる。「……精神分析がそもそも何であるかは、周知のごとく議論の余地がある」[*38]。フロイトが「精神分析運動」を口にしたとき、その含意するところをユンクやジョーンズ、フェレンツィといったフロイトの周囲にいたものですらおそらく正確には理解していなかった。国際精神分析協会で最初に採択された規約の「目標」に、「フロイトによって設立された精神分析」

の促進が掲げられときでさえ、この言葉の意味するところは決して明確ではなかった。[*39]

精神分析は何をするのか。精神分析の「存在の核」は、決して治療行為として同定することができない。あるいは、臨床と理論とが互いに補い合う一貫した営みとして精神分析を捉えることもできない。フロイトは、一九二七年に精神分析を「治療と研究の結びつき」であると述べていた。「治療と研究の結びつきが、精神分析には最初から存在する。洞察が成果をもたらし、新たなことを学び知ることなしに治療することはできなかったし、その有益な効果を学ぶことなしに解明は得られなかった」[*40]。フロイトのこのような説明にもかかわらず、精神分析を精神療法として同定し、あるいは臨床と理論が相補的に進歩していくように精神分析を描くことを妨げる要素が、精神分析には常に憑き纏っている。それは、フロイトが「真理」という言葉とともに語る、精神分析の生き延びへの意志である。フロイトは、精神分析運動の初めから「真理」に拘っている。そして精神分析がアプローチするこの真理のためには、抵抗を乗り越える必要がある。精神分析運動が始まろうとしているとき、フロイトはユンクに宛てて次のように書い

＊38　Weimer (1999), S. 34. 主にW・ビオンによる組織分析の成果に依拠しつつ、精神分析で得られた洞察を分析家の組織に直接には適用できないことを論じている。

＊39　「フロイトによって設立された精神分析的科学を純粋な心理学として、そしてまた医学と人文学への応用において育成し促進させること。精神分析の知見を獲得し普及させるために、会員が相互に支援することに努めること」。一九一二年の規約の全文は「補遺A」を参照のこと。

＊40　Freud (1927a), S. 293-4,（一九）一九六頁。

ている。

……私がさらに期待するのは、真理のために内なる抵抗に打ち克つことのできる者が、すすんで私の弟子と見なされ、その考えの中の臆病さの残りを消し去ることです。[*41]

この書簡で、フロイトは「二つの世界」の間の「闘争」についてユンクに語っている。すなわち、精神分析運動の側とそれに抵抗する側との闘いであり、ユンクにはぜひ精神分析の側につくようにと説得している。ここでの「真理」は、それを認めるのに内的抵抗を感じざるを得ない性的病因論(「神経症が性愛生活に従属していること」)であり、直接言及されてはいないが、オイディプス・コンプレクスであろう。フロイトは、いかなる反対があってもこの真理を語り続け、人々の口にこの「不味い食べ物」を押し込み続けるつもりだとユンクに語る。

しかし、フロイトが決して譲ろうとしない精神分析の真理は、治療効果を裏付けにしているわけではないのだ。フロイトは、精神分析が治療法として他のものより効果を上げると公然と主張することはあえてしないと述べる。[*42] フロイトは精神分析の治療効果を控え目に、あるいは謙遜して述べているのではない。『終わりある分析、終わりなき分析』で、実際、フロイトは分析治療の効果について、ネストロイの言葉をひきつつ、それが最初成し遂げられたように見えたもののたった半分でしかないことが多いと、現状を過大評価することなく述べている。フロイトが扱った「狼男」症例で、快癒したかに見えた患者は、症状が再発し長くそれに苦しみ続けた。分析治療は「環境の知的克服」を、心的なもののカオスに秩序を与えることを試みるが、それが「徹底的に」為されるのは容易ではない、と。[*43] そもそも精神分析にとっての治療とは何なのか、さらに症状を完全に取り除くことが可能であり、またそれは望ましいことなのかが焦点になっている。フェレンツィへのある手紙の中で、フロイトは症状（コンプレクス）について次のように述べている。人間は、コンプレクスを完全に根こそぎにするのではなく、むしろコンプレクスと協調していたいと思うはずです。コンプレクスは、この世界における人間の行動の権限を持った指揮者なのです。[*44] もちろん症状との調和や程よい妥協をフロイトが主張しているわけでは決してない。また、そもそもフロイトは決して熱心な治療者ではなかった。[*45] フロイトには、症状に対する両義的な態度がある。さらに言えば、フロイトにとって症状は治療の対象であると同時にそれは取り除いてはならない何かであるというダブル・バインドが作動している。フロイトの治療に対する不熱心は、彼の性格に由来するのではなく、精神分析そのも

＊41　フロイトからユンクへの手紙（一九〇六年一〇月七日）McGuire / Sauerländer hrsg. (2001), S. 5,（上）二七頁。
＊42　一九〇六年一二月六日付。Ibid., S. 10,（上）三五–六頁。
＊43　Freud (1934), S. 72,（二一）二五九頁。
＊44　フロイトからフェレンツィへの手紙（一九一一年一一月一七日付）Haynal hrsg. (1993), S. 423.
＊45　「私は治療上で熱狂家であったことはなかった」。Freud (1933), S.163,（二一）一九九頁。

のに内在しているものなのではないのか。さしあたってフロイトは、精神分析における治療を「欲動の制御」と位置づける。これは、『文化の中の居心地悪さ』における主要テーマにもつながる。すなわち、欲動の動きと文化が課す一連の規範は、原則的に相容れない。欲動の充足を断念することこそ、文化ならびに教育の本質である。もっとも、人は欲動の馴致に成功することはないとフロイトは付け加えるだろう。[*46] そして何より、治療の首尾不首尾を超えて、フロイトには「真理」への執着がある。このフロイトの症状が、精神分析の根幹に組み込まれている。症状の改善は、精神医学やその他の精神療法、カウンセリングによっても為しうるだろう。あるいは精神分析ほどの手間と金銭をかけずに治療を行うこともできるだろう。しかし精神分析は、それらにはない「何か」を提供することができるとフロイトは言う。精神分析の経験がその他のものと置き換え不可能なものにしているその「何か」が、フロイトの述べる「真理」という言葉で表現されている。

精神分析は治療法として始まったと、私はあなた方にいいましたが、しかし、治療法として精神分析を皆さんの関心に委ねたいのではなく、むしろその真理内容によって、そうしたいのです……。[*47]

この前の部分では、あくまで精神分析が治療と結びついていること、その「故郷」を離れることはないとも述べられてはいる。「ご存じのように、精神分析は治療として生まれ、それを超えてさらに大きくなっていますが、その故郷を放棄することはなかったですし、その深化と進化のためになお患者との接触と結ばれているのです[*48]」。ここでフロイトの述べる「真理」は、人間存在とは何かについて精神分析が提供しうる洞察に還元されるものではない。フロイトは、運動の危機において、フェレンツィに宛てて次のように書いていた。

われわれは真理を手にしています。一五年前と同様、私は確信しています。[*49]

「一五年前と同様真理を手にしている」とフロイトが述べたとき、この「一五年前」が指していたのは一八九八年であった。それはフリースを相手にしたフロイトの自己分析が進行して

＊46　「愛の欲動は教育しがたく、この教育は余りに多くの結果を、時には余りに少ない結果をもたらす」（『性愛生活が誰からも貶められることについて』Freud (1912a), S.90,（一二）二四四頁）。文化・教育のプログラムを従順に吸収すること――「余りに多くの結果」を受け取ること――によって人は神経症になり、他方でそれに逆らうこと――そこから「余りに少ない」結果を導くこと――で人は倒錯的に欲動の充足を目論む。ただフロイトによれば、倒錯者のこの欲動充足には往々にして情動低下と愛の対象の「貶め」が伴うと述べる。

＊47　Freud (1933), S. 169,（二一）二〇五頁。

＊48　Ibid.

＊49　フロイトからフェレンツィへの手紙（一九一三年五月八日付）。Haynal hrsg. (1993), I/2, S. 216.

いたときであり、そして『夢解釈』を執筆していたときであった。フロイトは、『夢解釈』に取り組んでいた時期を、精神分析の起源に定めたのだった。

では、フロイトが手にしたと述べた「真理」とは何だったのか（「真理」に対して精神分析家がどのような立ち位置を持つのか、それはまさに精神分析家の問いとして最晩年の『モーセという男と一神教』において論じられることになる。第五章でこれを扱う）。

フロイトが『夢解釈』において語るのは、「夢は願望充足である」という命題で簡潔に表現される「真理」である。フロイトはこの「真理」に、夢を自己分析することによって、自由連想を用いた解釈によって到達したと語る。フロイトの精神分析への情熱は、この真理への意志によって駆動されているといってよい。ただし、この真理への意志は、哲学者のそれというよりも、むしろ詩人や劇作家を範にしている。何より音楽の精神から悲劇を論じたニーチェに、『夢解釈』のフロイトは接近している。『夢解釈』には、詩人の方法論と舞台装置的な思考様式が存在している。フロイトの「真理」へのアプローチは、フロイトがいかにそれを「心理学」として語っていようとも、むしろ芸術家のそれなのである。次章では、フロイトが精神分析を開始する始まりの地点で精神分析が芸術と共にあることを見ていこう。

第三章　オイディプスと夢の舞台

「イルマの注射の夢」は、フロイトが最初に自由連想を用いて解釈した夢である。それは精神分析の始まりを告げると同時に、解釈の行き止まりをも示しているために、繰り返し参照され論じられてきた。始まりであるというのは、この夢の解釈が、症状一般の解釈可能性という精神分析の最も基本的な立ち位置を初めて示すものだからであり、またそれが行き止まり、袋小路であるのは、その解釈にはどうしても「認識しえないもの」と繋がっている「臍」のような部分がどうしても残ってしまうからである。「どんな夢にも少なくとも一カ所、それについて不可解である臍を持つのであって、それを通じて夢は認識しえないものと結びついている」[*1]。夢は願望充足に他ならないということを示す見本でありつつ、そこには「少なくとも一カ所」解釈によって明るみに出すことができない箇所がある。[*2]

しかし、この精神分析の起源にある「イルマの夢」よりもさらに前にあるもの、いうなれば

「起源の起源」と呼ぶべき場所で、フロイトが自由連想における「心的エネルギーの配置」を論じていることには、ほとんど注意が払われてこなかったように思われる。この夢を書き留め分析するのに、フロイトは自由連想を用いている。その後フロイトが患者たちに義務として課す基本原則である自由連想を、フロイトはここで初めて自らに適用する。「何でも思い付いたことを隠し立てなく話す」というこの原則は、この世界に分析家がまだ存在しなかったときにどのように為されたのか。

着想を浮かび上がってくるに任せること、そのためには「批判のスイッチを切ること Ausschaltung der Kritik」が必要である。それを可能にする「ある種の心的準備」、「心的エネルギーの配置」は、ちょうど寝入りの微睡みの状態と、催眠にかかっている状態と似ている。[*3] フロイトが自由連想の態度を説明するために引くのは、この二つばかりではない。最後にフロイトが言及するのは、フリードリッヒ・フォン・シラーである。「もしわれわれが、偉大な詩人哲学者 Fr・シラーを信じるなら、［自由連想と］まったく同様の態度が、詩を生み出す条件にも含まれているに違いないのだ[*4]」。シラーはうまく作品が作れないと嘆くテオドール・ケルナー（Theodor Körner）に宛てた手紙で、詩を作る条件として、「理性」が想像力に加えている強制を問題にしている。あまりに厳格な理性は、流れ込んでくる観念を過度に吟味して、それがつまらない、あるいは大胆すぎるとして入口で堰き止めてしまう。しかし芸術家は、想像力が生む狂気（Wahnwitz）を恥じたり、怖れたりしてはならない。「創造的な頭脳の場合には、悟性は、その監視を入口から撤退させて、観念を雑然と（pêle mêle）入り込ませ、そうして初めて眺め渡して、観念の山をつぶさに観察するのだ」[*5]。フロイトはこのシラーの引用をオットー・ランクに負っていると述べつつ[*6]、自由連想に相応しい「心的エネルギーの配置」を、こうして詩作の態度に結びつける。このように、「イルマの注射の夢」を初めて一貫した方法で解釈するにあたっ

＊1　Freud (1900), S.116.（四）一五一頁。患者イルマをその女友達——フロイトの治療法を従順に受け容れるに違いない賢い女性——と置き換えたいという夢の隠された意味を見いだしていく中で、連想からさらに三人の女性との比較を試みようとして、フロイトはやめてしまう。そして、その後に「夢の臍」についての上の言葉が続く。この「三人の女性」は、『夢解釈』をそのまま読めば、イルマの女友達、かつて患者だった女性の家庭教師、そしてフロイト夫人である。他方フロイトは、アブラハム宛の手紙で、この「三人の女性」は、同時に娘たち（マチルデ、ゾフィー、アンナ）の名親であり、その背後には「性的誇大妄想」があると述べている。一九〇八年一月二〇日付、フロイトからカール・アブラハムへの手紙（H. Abraham / E. Freud hrsg., S. 34）。

＊2　フリースへの手紙（一九〇〇年六月一二日）にフロイトは次のように記している。「一八九五年七月二四日フロイト博士によって夢の謎が明らかになった」（Masson / Schröter (1999), S.458）。「イルマの注射の夢」こそ、二三日夜から二四日にかけて見られたものである。

＊3　Freud (1900), S. 106,（四）一三九頁。

＊4　Ibid., S. 107,（四）一四〇頁。

＊5　Ibid., Friedrich von Schiller an Gottfried Körner, 1. Dez. 1788.

＊6　オットー・ランクは、シラーのこの一節を一九〇八年の第一回国際精神分析大会（ザルツブルク）でも引用している（E. Jones (1955), 2, p. 46）。

て、フロイトは詩人の態度に範を求める。すなわち夢解釈の最初の見本＝模範（Muster）である「イルマの夢」は、それ自体が詩作の態度を真似ているのだ。この詩作への関連づけは、しかし、偶然でもナイーヴな文学趣味によるものでもない。

問題は、フロイトが精神分析を配置しようとしている場所である。自由連想の「心的エネルギーの配置」を記述するために言及された三つの領域は、現在においても精神分析の置かれている場所を規定している。一方には、催眠がある。ここでフロイトは、自由連想が催眠と近接していること、さらに言うなら地続きのものであることを隠さない。そして、誰もが日常で経験する眠りに落ちようとする状態が、自由連想に理想的である。さらに、「天才」だけに許されているかも知れない詩作のための条件が、自由連想のそれと「まったく同じ」とされる。フロイトは、精神分析という新たな企てを、これらの既に知られていた「心的エネルギーの配置」から切り開こうとしている。精神分析が生まれるまで、催眠状態において、人は自由に思いつくまま何でも話すように促されることは決してなかったし、寝入りの微睡《まどろ》みに浮かび上がってくる考えは、単に荒唐無稽なものとして片付けられてきた。そして詩作の態度を、治療のための基礎に据えようとした者もいなかった。既に存在していたがこれまで方法論として対象化されることのなかった領域こそ、精神分析の出発地点なのである。

無媒介的表象のアポリア――『悲劇の誕生』という模範

フロイトが求めた詩人との「連帯」の行方をさらに追ってみよう。詩人に範を求めるここでのフロイトの身振りには、よく知られた先例があった。それは、『悲劇の誕生』のニーチェによる、シラーの引用である。以下、『悲劇の誕生』に言及するのは、決してニーチェからフロイトへの影響関係やその否認といった事柄を見るためではない。そうではなく、両者がそれぞれ別々に、しかし同様の表象にまつわる原理的問題に逢着していることを見るためである。『悲劇の誕生』のニーチェにおける「意志」と、『夢解釈』のフロイトにおける「願望」――両著作ともそれぞれの初期に位置するものである――が、ほぼ同じ役割を担っていることが理解されるであろう。

ニーチェは、シラーが「詩作に先立つ準備段階」についてゲーテに宛てて書いた書簡を引きつつ次のように述べている。

……彼［シラー］によると、詩作という行為に先立つ準備段階として、彼が自分の前に、また自分の内に持っていたのは、思想といった秩序だった因果関係を持った一連の影像なんかではなくて、むしろ音楽的な気分だったというのだ。（「感覚は、私の場合、はじめのうちは一定の明確な対象を持ちません。対象は後から初めて形作られるのです。ある音楽的情緒が先行し、そして私の場合には、これに続いて初めて詩想が生まれてくるのです[*7]」）。

まだ明確な姿を持たない雑然としたもの、鬱蒼と流れるものが、ここで「音楽的気分」あるいは「音楽的情緒」と呼ばれている。フロイトによって引かれたシラーと、ニーチェが依拠するシラーとは、それほど隔たっているわけではない。ニーチェとフロイトの用いる言葉が大きく異なっているにもかかわらず、『悲劇の誕生』と『夢解釈』は、その問題設定においても、そして両者が逢着する困難においても、予想外に近いところにあるのだ。以下、しばらく遠回りしてみよう。

よく知られているように、ニーチェは『悲劇の誕生』において、アポロ的なものとディオニュソス的なものという二原理の相克において芸術を捉えている。ニーチェのいうアポロ的なものは「夢の世界」に関わっている。ニーチェによれば、「根源的な一者 Ur-Eine」という「真なる実在」からすると、われわれのいわゆる現実は既に仮象であり、この現実の忘却を前提にして見られる夢は「仮象の仮象」ということになる。「根源的一者」が必要としているのは仮象による救済であり、「仮象の仮象」であるところの夢は、それから遠ざかるように思われるが、実はより高次の満足をもたらすものである。夢は、ニーチェにとって、芸術と同様、生きることを可能にするものである。「夢を見ている人が夢の真っ只中で、その幻想を壊さないで、『これは夢だが、この夢の先を見てやろう』と自分に呼びかける場合を想像してみると、われわれは夢の世界を観照するということ自体が深い内面的快感を持っているのだと結論せざるをえない……」[8]。ニーチェがアポロ的なものと呼ぶのは、この救済の幻影（Vision）を作るものである。そして言うまでもなく、ニーチェの課題は、造形的、叙事詩的、彫刻的であるアポロ的なものの背後に、非造形的、叙情詩的、音楽的であるディオニュソス的なものの真理を見ること、その悲劇的根源に忠実な芸術を探し求めることである。

ポール・ド＝マンは、『悲劇の誕生』において、ニーチェがディオニュソス的なものの原初性、特権性をあれほど強調しながら、なぜ表象のカテゴリー（「表象 Vorstellung」、「複写 Abbild」）に属するアポロ的なものを捨てないのか、と問うている。ディオニュソス的な陶酔忘我状態、「音楽的な気分」こそが根源的であるなら、なぜアポロ的なものという形象、イメージという迂回が必要とされるのか、と。それは、なぜ直接ディオニュソス的なものにアプローチすることができないのだろうかという問いである。

この点についてニーチェは、心理学的そして道徳的な説明を与えている。ひとつには、ディオニュソス的状態は、決して想起することができないと規定される。「存在の通常の制限や限界を破壊するディオニュソス的状態の狂喜は、それが続いているあいだ、嗜眠的要素を含んでおり、すべての個人的な過去に体験されたことが忘却されてしまう。この忘却の溝によって、日

＊7 Nietzsche (1872=1988), S. 43, 五七頁。
＊8 Ibid., S. 38, 四九頁。

常の世界とディオニュソス的現実は、互いに分離される」[*9]。そしてアポロ的なものが担っているのは、忘却の淵に沈んでしまうディオニュソス的なものを、目に見えるものとすること、形象化することである。さらに、アポロ的なものが不可欠である道徳的理由をニーチェは次のように述べる。ディオニュソス的陶酔乱舞（Orgiasmus）は「危険」であって、これに直接触れたものは、ハムレットがそうであったように狂気に陥るほかなく、また、オイディプスが示すように、道徳的侵犯なくしてはこの真理に到達できない。この意味で、音楽＝ディオニュソス的陶酔から人を「守る」ために、「崇高な比喩」からなる神話が、言い換えれば、隠喩が不可欠となる、と。ここでは神話の諸々の形象が、ディオニュソス的なものの「比喩」として位置づけられている。ニーチェの基本認識を確認するなら、音楽こそ原初的なものであり、言語はそれを模倣するのである。同様に、ディオニュソス的なものを写し取るのがアポロ的なものであるということになる。

しかし問題は、アポロ的なものが必要である、心理学的あるいは道徳的根拠づけではないとド＝マンは言う。ニーチェは、悲劇的根源に忠実な英雄たち、例えばオイディプスやハムレットは、みなディオニュソスが仮面を被ったものであると述べていた。問題は、人はどのようにして悲劇＝ディオニュソス的なものという洞察に到達しうるか、である。というのもそれは定義上、決して表象されえない（表象を持たない）「音楽的気分」としか呼べないものだからである。音楽的気分、あるいは端的に音楽、メロディーは、何かを「表している」はずであるにもかかわらず、この表象らしきものは、実際のところ何を「表している」のかを明確にすることができない。[*10]

さてド＝マンは、このときニーチェが用いる説得のレトリックに着目する。非媒介的表象というディオニュソス的なものが持つアポリアは、第一には、その語りの「権威」によって解決される。[*11]ニーチェは、自分が相手にするのは音楽を知っている人々だけだと述べる。「むしろ私がもっぱら相手にするのは、直接に音楽と血のつながりのあるような人たち、音楽をいわば母胎とし、ほとんどただ音楽との無意識的な関係を通じてだけ事物につながるような人たちに限られるのである」[*12]。このような「真の音楽家」の素質を持つ者なら誰であれ、ワーグナーの『トリスタンとイゾルデ』にディオニュソス的な音楽を聴き取らないはずがないと、ニーチェは音楽家の権威をその語りの中に帯びさせながら訴える。読み手を音楽に直接つながりのある者に限定するだけではない。実はこの本の冒頭から、ニーチェは、ディオニュソス的なものの真理を担保する権威に固執していたのだった。すなわちニーチェは、ワーグナーをあたかも目の前

＊9　Ibid., S. 56, 七七頁。
＊10　ニーチェはメロディーこそ、根源的であり、同じ民謡のメロディーがいろいろな詩で歌われている事実に目を向けている。言葉こそメロディーを模倣するのである。
＊11　de Man (1982), p. 97.
＊12　Nietzsche, ibid., S.135, 一九五頁。

にいるかのように登場（現前）させて、ディオニュソス的なものの真理を担保させているのだ（「リヒャルト・ワーグナーにあてた序言」）。この、ワーグナーを「疑似‐神的形象」として登場させるやり方は、まさに、ニーチェがこの本で非難しているエウリピデスのそれに他ならなかった、とド＝マンは指摘する。エウリピデスの悲劇では、アイスキュロスやソフォクレスとは異なって、「発端［序幕的説明］の情熱（**das Pathos der Exposition**）」が欠けており、その始まりで「信頼できる人物」が序幕の前の序詞でこれから登場する主人公たちの未来を保証し、その終わりでは神（**deus ex machina**）が現れて劇を終わらせる。ニーチェは、それが悲劇の情熱を理知的説明（ソクラテス的主知主義）に替えてしまうもので、音楽の悲劇的根源にまったく忠実ではないと非難していた。他ならぬそのニーチェが、ディオニュソス的な洞察を導き出す際に、それを担保させる形象（ワーグナー）を登場させるという、自らを裏切る方法を採用しているわけである。

しかし、これを単なる矛盾として片付けることはできないとド＝マンは続けて述べている。なぜならディオニュソス的なものは、このような権威を現前させるか、さもなければ、何らかの「橋渡し」を持たねば、あらゆる芸術の形式から分離されたままとなるからである（ド＝マンが注意を促すように、ディオニュソス的なもの／アポロ的なものという区別を、ニーチェは物自体／現象の区別としても論じている）[*13]。ニーチェにおいて音楽という根源を媒介し橋渡しするのは、「意志 **Wille**」である。ニーチェは「音楽は意志として現象する」と言う[*14]。音楽そのものは、意志ではない。そうではなく、意志は自己を表象する力能であり、意志は「音楽の中で」自らを表象として欲する。こうして、ニーチェは、ディオニュソス的なものが芸術と永遠に切り離されてしまう危機を、意志の主体を立てることで切り抜ける。

同時に、ここでニーチェは、意志の主体を分割してみせる。意志は自分自身と戯れる「芸術的遊戯」であるとして、ニーチェは意志の表象能力を脱構築するのである。[*15] 言い換えれば、意志は音楽を現象（表象）へと橋渡しするが、それは決して真面目なものではないのだ。こうしてニーチェは再び表層に回帰して次のように述べることができるようになる。美的現象を抽象的（abstruct）に考えてはならない、と。「根本的に、美的現象は単純なのだ」。隠喩がどのような本質を表現しているかを考えることではなく、隠喩という表れに身を任せること、その表層に魅了されることが美的な経験なのだ。「真の詩人にとっては、比喩は修辞的な形容なのではなく、概念に代わって、実際にありありと浮かぶ代理的な心像なのである」[*16]。こうして隠喩の背後に、音楽を、つまりはディオニュソス的なものを感知するというニーチェの目論見が成し遂げられる。アポロ的なもの＝隠喩は、ディオニュソス的なものを表すとともに、それ自体が没頭

＊13　Ibid., S.139, 一〇〇頁、S.59, 八一頁。
＊14　Ibid., S.50, 六九頁。
＊15　de Man, ibid., p. 98, Nietzsche, ibid., S.152, 一二〇頁。
＊16　Nietzsche, ibid., S. 60, 八三―四頁。

して味わい尽くされるべき表層なのである。

願望充足の位階秩序《ヒエラルキー》

長々と『悲劇の誕生』を見てきたのは、まさに同様の問題系にフロイトは『夢解釈』でぶつかっているからである。ニーチェは「音楽的な気分」を論じるために、ポール・ド＝マンによれば、一方では権威に、他方では意志の力を必要としていた。[*17]

ニーチェにおいて音楽の場所にあるもの、それはフロイトにおける「願望 Wunsch」である。フロイトと同時代に『悲劇の誕生』を精神分析の視点から検討したアレクサンダー・メッテは、アポロ的なものとディオニュソス的なものという問題設定と精神分析における欲動論との一致を強調している。抒情詩人が感じ取っている音楽は、ただ「比喩的」にのみ把握しうるものであるとニーチェの記述を正確に読みとりながら、メッテはこの叙情的気分が「堰き止められたリビドー」という基盤の上にあると読み替える。苦痛を含み、互いに矛盾した要素を含んでさえいる音楽的気分は、端的には「抑圧されたオイディプス的願望」に他ならないと、メッテはニーチェをフロイトの側に引き寄せる。[*18] このように把握するとき、詩人の仕事は、このディオニュソス的＝オイディプス的な葛藤に満ちた願望をアポロ的形象に移すことである。これは、欲動論的には、同性愛的ならびに近親姦的願望を昇華して可視的な像を造ることで、充足と歓びをもたらすことだと理解される。

メッテの論考において見るべきは、単にニーチェの諸概念がオイディプス・コンプレクスの枠組みに置き換えられうるということではなく、表現されざるものを表現するというアポリアがやはり感知されながら、しかしそれが「昇華」といった概念でいささか曖昧に処理されているということである。

フロイトが『夢解釈』において格闘しているのは、気分や情動、そして欲動のレヴェルにある、それ自体は表象と呼べないものが、いかに夢において表現されるのかという問題であった。「夢は願望充足である」という命題は、実際に夢が快や不快を意味しているのかによって判定されうる問題ではなく（フロイト自身が時に、種々の夢が本当に快を意味するかどうかという偽の問題に振り回されているのは否めないが）、何より強力な「表現理論」としてある。心的なものの、夢における表現の秩序をいかに説明するか。フロイトの困難は「夢は願望充足である」という基本命題の内にある。それは見かけに反して、決して単純ではない。フロイトが夢の「願望」と呼ぶものは、以下に見るように、定義上決して再現しえないものである。この基本命題をより詳しく言い直した次の文こそ、ここで解読したいと思っているものである。

＊17　もっともニーチェ自身は、この『悲劇の誕生』は「権威や自分の崇拝するものに頭を下げているように見えるときでさえ、反抗的に独立的」な作品であると述べている（Ibid., S.13, 一〇頁）。
＊18　A. Mette (1932), S. 75.

……夢は、転移によって最近時のものへと変えられた、幼児期の光景の代理であると記述されうる。幼児期の光景は、その再現を達成できない。それは、夢としての回帰で満足しなければならない。[*19]

ここで述べられているのは、夢は、幼児期の場面を「代理 ersetzen」している、もしくは、夢とは、幼児期の光景を最近の場面へと「転移 Übertragung」したものであるという基本的な図式である（ここでの「転移」は、分析家との関係における例の「転移」ではない。ここでは中継や転写を含意している）。そこから導かれるのは、幼児期の場面そのものが決して「再現」できないということであり、フロイトはこの本で一貫してこの立場を維持している。フロイトにおいて、幼児期の場面が直接アクセスできないものであることをここで強調しておきたい。それは夢に「転移」されたり「代理」されるもので、決して「再現」されない。この「転移」や「代理」こそ、夢の表現理論を支えている基本的な語彙である。これらの基礎的な作動を以下で解析してみたい。この作業なしに、夢の願望充足を理解することはおそらくできないのだ。

フロイトは最初、「夢は願望充足である」という自らの主張が、論証するまでもない自明の事柄であるかのように語り始める。夢の願望充足説を証してくれるのは、子どもの夢である。子どもの夢は、誰の目にも願望充足でしかないのだと、フロイトは彼の子どもたちが見た夢を例証として挙げていく。ピクニックの道中で諦めざるを得なかった目的地や、我慢させられた食べ物が、その夜の子どもたちの夢に現れる。それは、まったく無邪気で、剥ぎ取るべきヴェールを纏っていない。つまりそれは、その真理を曝露する必要のない夢であり、したがって、解釈にかけるまでもない。大人と違って、まだ検閲が働いていない幼児においては、覚醒時の満たされていない願望が夢にそのまま現れる（まさしくこの検閲が後で問題となる）。夢が表現するとされる願望が「幼児的なもの」である以上、幼児自身の夢は剥き出しのものであり、まさに衣を纏わずにその裸体を曝している、とされる。

フロイトが読者に願望充足説を信じさせるために用いたこのレトリックに対して疑問を呈したのが、ユンクであった。フロイトと決裂寸前のユンクは、ありとあらゆる口実を見つけてフロイトを攻撃している。そのほとんどが感情的かつ些末なものだが、子どもの夢を願望充足の証拠とすることへの疑義は、的を射ている。ユンクは言う。幼児が無垢な存在ではなく、大人と同様セクシュアリティを持った存在であるということこそ、フロイトの精神分析の基礎であったはずで、子どもの夢が解釈に値しない素朴なものであるとする『夢解釈』のこの記述は、他ならぬフロイト的観点から批判されねばならない、と。さらにフロイトは、それらの夢を最後まで詳細に分析していないし、性的な問題にも言及していないではないかと批判される。[*20]

＊19　Freud (1900), S. 552, （五）五五二頁。

このユンクの指摘は「すべて」受け容れられる。「『夢本』についてのあなたの見解に感謝します。すべて承りますが、第三版にその全部が反映できるわけではありません」[*21]。そして『夢解釈』の改訂第三版では、「しばしば」という限定詞が加えられる。「小さな子どもの夢はしばしば(häufig)単純な願望充足」である[*22]。さらに同年の註内では、幼児の夢は決して単純ではなく、それほど「見えすいた」ものでもないというところまで譲歩することになるのだ[*23]。

しかし、フロイトが論証すべき命題である「夢の願望充足」から遠ざかっていくのは、このユンクの指摘によってのみではないのだ。『夢解釈』には、願望充足を自明と見なすフロイトが一方におり、他方には、それに抵抗するフロイトがいる。いわば、夢の願望充足説を根本的に批判しているのは、フロイト自身なのである。

最初に、夢の願望充足説について見直しておこう。フロイトによれば、願望充足とは、幼児期の充足体験を呼び覚ますこと、充足体験の「知覚同一性 Wahrnehmungsidentität」を再現することである[*24]。例えば、授乳で得られる快の知覚によって、幼児は寄る辺ない状態を回避するという体験を持つ。このときの記憶像は、充足の記憶痕跡と連合する。この記憶痕跡に再び備給して、それと連合している記憶像を再現すること、これが願望であるとされる[*25]。

明らかに、ここでフロイトは、知覚同一性の再現という究極目標を頂点とする位階秩序を想定している。そのことを簡単に確認しよう。見られる夢=夢内容を解釈することによって、フロイトは夢思想(Traumgedanke)を復元する。

夢思想とは、「意味 Sinn」として了解可能な「思考同一性 Denkidentität」である。それは、一つの文として表現される。例えば「イルマの注射の夢」の夢思想は、「イルマが別の、聞き分けのよい女性患者であったら」というものであり、あるいは、「イルマの苦痛の原因は、ヒステリーに由来するのではなく器質的なものだ（だから自分には与り知らないことだ）」というものである（ここで確認されるように、夢思想は複数あり、星座布置を形成している）。フロイトがこれらの解釈から導くのは、イルマの治療にあたっての彼自身の無罪性である。夢内容が表現する夢思想は決して一つではなく、互いに矛盾していることさえあるが、いずれにしても、それは最終的に、思考同一性から原初的な知覚同一性としての快に結びつくものである（デリダならば、ここでのフロイトに同一性に基づく形而上学的思考を見るであろう）。夢はいかに荒唐無稽に見えるとしても、その潜在内容であるところの夢思想は「決してばかげていない[*26]」。それは

＊20　一九一一年二月一四日付ユンクからフロイトへの手紙。McGuire / Sauerländer (2001), S. 173-4,（下）一〇〇頁。

＊21　Ibid., 17. Feb. 1911, S. 175, 一〇二頁。

＊22　研究用廉価版（SA）の指摘による（SA II, S. 145）。Freud (1900), S. 132,（四）一七一頁。

＊23　Ibid., S. 136,（四）一七七頁。

＊24　Ibid., S. 571,（五）三六二頁。

＊25　先の引用において、フロイトが、幼児期の場面そのものは「再現不可能」であると述べていたこととの矛盾がここにある。しかしこの矛盾は、ド＝マンに倣えば、単なる矛盾ではない。

快をもたらすというその機能に関して真剣なものなのだ。フロイトは夢思想の思考同一性が、最終的に願望としての知覚同一性に到達するはずだと考えている。

この観点から見るとき、夢思想に貢献しないさまざまな日中の思考（日中残滓 Tagesrest）は、それ自体は無意味である。「われわれが日中紡いでいる傍系的なものの数や種類は、それが価値ある夢思想への道にわれわれを導きさえすれば、心理学的にはまったく重要ではない」[*27]。ここでのフロイトは、最終的な「意味」につながらない「傍系的な」思考を「重要でない bedeutungslos」として切り捨てる。[*28] こうして『夢解釈』には、知覚同一性を頂点に、思考同一性（夢思想）、夢内容へと整序してしまうフロイトの姿が紛れもなく存在している。

しかしその一方で、夢の願望充足説に自ら抵抗しているのはフロイト自身であると見なすことができる。記憶痕跡を最短路で辿り、原初的な知覚同一性を再現することは、それが最も効率がよいが、「幻覚」に終わるとフロイトはいう（願望は、その純粋型において「幻覚的願望」と呼ばれる）。フロイトは、一貫して、願望充足が快をもたらすものだと語るが、それは幻覚の「強度 Intensität」を持った体験であることも示唆される。すなわち、幻覚的願望は、ほとんどトラウマ的な出来事と区別がつかない。この快への最短路である一次過程は、幻覚の強度を持つだけではない。一次過程は「フィクション Fiktion」と呼ばれ、措定されると同時にその存在を否定する抹消記号を引かれることになる。

一次過程だけを持っている心的装置というものは、われわれの知る限り存在しないし、その限りで理論的フィクションである……。[*29]

ここで一次過程が「フィクション」だといわれるのは、欲動の存在が「神話」であるとフロイトが言うときとほぼ同じ意味である。[*30] 欲動はそれ自体でその存在を証されることはない。それは、先のニーチェにおける音楽的気分と同様、無媒介的表象であり、先に見たアポリアを持つ。それは常に起源の力として想定されながら、抹消記号を引かれている。同じく、一次過程もそれに直接アプローチすることはできないのだ。

それが願望充足であるところの知覚同一性の再現は、こうして際限なく遠ざかっていく。それこそ、フロイトが「夢作業 Traumarbeit」の記述を通して示していることである。フロイトが

*26　Ibid., S. 447,（五）二〇九頁。
*27　Ibid., S. 537,（五）三二〇―三二一頁。
*28　後に『性理論三篇』に付け加えられた注で、フロイトは「本来的な」性目標、つまりは性器的な性愛に結びつくリビドーの経路だけではなく、リビドーの「傍系の流れ Kollateralströmung」が考慮されるべきだと、ここことは異なる見解を述べている（Freud (1905), S. 51,（六）一九三頁）。結びつくリビドーの経路だけではなく、リビドーの「傍系の流れ Kollateralströmung」が考慮されるべきだと、ここことは異なる見解を述べている（Freud (1905), S. 51,（六）一九三頁）。
*29　Freud (1900), S. 609,（五）四〇六頁。
*30　「欲動論とは、いわばわれわれの神話である」。Freud (1933), S. 101,（二一）一二三頁。

注意深く、記憶像と記憶痕跡を区別していたことを思い出そう。ある記憶痕跡に備給することで、それに連合している記憶像が「再現される」（すなわち、これが願望充足であった）。この連合が最短路を辿りえないことこそ、フロイトが彼の意図に反して示していることである。つまり、記憶像と記憶痕跡は単純な一対一対応のように連合しているのではない。記憶痕跡の経路はいくつにも分かれ、さらには、記憶像も決して単一ではありえないのだ。[*31] 単一の像（形象）の再現前が「フィクション」であるとき、フロイトが考えている願望充足も無傷のままではいられないだろう。しかし、そうでなければ、いかなる治療があり得るだろうか。われわれが、想起するのとは別の仕方で記憶にアプローチしうることこそ、精神分析の掛け金ではなかっただろうか？　すなわち、想起がいつも同じ途を辿り袋小路を成していること、それが症状を形成しているのである。そうではない別の途があり得ること、トラウマ的表象が分割可能であること、それが分析という営みにおいてフロイトが提示したことであったはずである。すなわち、夢は一つの意味に還元されることはない。また、想起が辿る道も決して一つではないのである。

夢作業と喩

「意味」としての夢思想に到達することが夢解釈の課題であるとする見方とは別に、フロイトは、夢という覚醒時とは「別の思考形式」を成り立たせているものが何かを粘り強く考察している。この形式の問題に対するフロイトの専心は、解釈が見いだすべき夢の意味を決して過大に受け取るべきではないという「注意」を読者に促すまでになる。この箇所は、夢作業を理解する上で極めて重要である。

顕在的夢内容と潜在的夢思想の区別を読者に馴染ませることに、私はかつてかなり骨を折ったものだった。……ところが、少なくとも分析家が、夢内容を解釈によって見いだされる意味に組み入れることに慣れ親しむようになると、今度は分析家の多くが別の取り違えをする誤りを犯している。彼らはこの取り違えに、前にも増して頑固に執着している。彼らは、夢の本質を潜在的内容に求めて、そうすることで潜在的夢思考と夢作業の間の区別を見落としている。夢は根本において、睡眠状態によって可能になる、われわれの思考のある特別な形式に他ならない。夢作業とは、この形式を作り出すものであり、もっぱら夢作業が、夢の本質であり、この特殊性を解明するものなのだ。[*32]

夢を「意味」へと還元すること、つまりは夢内容の背後にある夢思想を見いだすことが、夢解

＊31　ちなみに抑圧は、1・記憶像に対してか、もしくは、2・連想路に対して作用する（Freud (1900), S. 536,（五）三一八頁）。

釈である。しかし、ここには決定的な「取り違え」をする危険性が潜んでいるとフロイトは警告する。夢の本質は、夢思想にあるのではない。夢の意味に固執すれば、夢という思考形式をつくっている「夢作業」が見落とされるとフロイトは注意を促している。夢は、通常の思考とは異なる思考形式であり、あるいは、精神物理学者G・T・フェヒナーに倣って言われるように、覚醒時とは異なる「別の舞台」である。[*33] リオタールもこの箇所を読解して強調するように、夢思想ではなく、夢内容／夢思想の区別それ自体が、フロイトにとって最優先の重要度を持つ。[*34] そしてこの区別を作るのが、夢作業に他ならない。この意味で、フロイト自身もしばしば用いてしまっている「翻訳」という考え方は、夢思想と夢内容の関係を表現するのに必ずしも適切ではない（同様に「歪曲」にもこのことが当てはまる）。というのも、そもそも夢内容と夢思考は、一対一に対応しているのではない。一つの夢の要素がいくつもの夢思想を代表する場合や、一つの夢思想が夢の中にいくつもの代弁者を持つ場合もある。両者の関係は、「非常に精巧なもつれ」と表現される。[*35] 何より、「翻訳」という表現は、夢思想という「原文 Original」があたかも存在しているかのように思わせてしまう。もちろん、フロイトが夢の「象徴」を論じることによって、固定的な夢の翻訳コードが存在することを主張していることは事実である。例えば、夢の中の帽子が即男性器を意味するといったようなコードである。しかしこの点についても、フロイトは、先と同様の注意を読者に促している。「……夢翻訳の仕事を象徴への翻訳に限定して、夢を見た本人の着想を吟味するという方法を放棄するといったふうに、夢解釈にとっての象徴の意義を過大評価しないよう私ははっきりと警告しておく」[36]。夢の多義性や多重決定性は、夢思想がいろいろに翻訳されるということではない。問いに付されているのは、翻訳という考えそのものである。むしろ、こう言い換えた方がよいだろう。夢作業は、夢思想と夢内容が翻訳関係、代理関係にあるように見えるところのものを作る、と。夢内容と夢思考との関係は「名簿集計による選挙」に似ているとも言われる。この比喩に従えば、「願望」を持った選挙民が、党の名簿に載った候補者に投票する。このとき、選ばれた者は、民意＝願望を代表していると見なされる。さまざまな願望がいろいろに代表される（フロイトならおそらく、民意は歪

＊32　Freud (1900), S.510-11,（五）二八九頁。この注は一九二五年に付加されたもので、第六章「夢の作業」の末尾に置かれている。同様の記述は、既に『精神分析運動の歴史のために』（1914）の中にも見られる。「夢は思考の形式（eine Form des Denkens）でしかない。この形式の理解は、［夢］思想の内容からは得られず、そのためには、夢作業の価値を認めるしかない」（Freud (1914a), S.111,（一三）一一二頁）。

＊33　「……夢の舞台（der Schauplatz der Träume）は覚醒時の表象生活とは別の舞台である」（Freud (1900), S. 541）。なお、エランベルジェによるフェヒナー論も参照のこと。Ellenberger（1995=1999), 九四–五頁。

＊34　Lyotard (1968), p. 241.

＊35　Freud (1900), S. 290,（五）一一一頁。また、ヘイドン・ホワイトは、夢内容と夢思想のこの関係を「複雑な網目 a complex web」と呼んでいる。H. White (1999), p. 111.

＊36　Freud (1900), S. 365,（五）一〇五頁。

曲された形で代表されると言うだろう）。民意らしきものが「ある」と見なされるのは、選挙によってである。フロイトが夢作業に着目することによって明らかにしようとしているのは、このような選挙に見立てられる過程が、夢において作動しているということである。

ここで考えるべきは、民意／代表（表象代理）という形式そのものである。ただしこのとき、あらかじめ「願望」が存在しているかのような説明は不正確であるが、簡単に退けることもできない。すなわち、ここには事後性が係わっている。選挙の後で、何らかの民意が存在していたことが想定される。しかし、民意＝願望はそのものとして決して表れることはない。起源にあるはずの願望は、それ自体を現前させることがない（以下でもわれわれは、あたかも夢思想があらかじめ存在しているかのような表現を避けることができない）。選挙の比喩で理解できるのは、ここまでである。何より夢で問題になるのは、それが像（形象）を扱うということ、さらに「ドラマ化」されていることである。

われわれの立ち位置を確認しよう。夢内容と夢思想の区別をつくるのが、夢作業であった。夢という思考形式の本質は、あくまで夢作業にある。夢作業がどう働いているかを解明することなくして、症状に同等なものとしての夢を理解することはできないのだ。『夢解釈』から四半世紀以上経った『続精神分析入門講義』でもこの見解は維持されている。

夢作業という過程は、まったく新しい風変わりなもので、このようなものは、以前にはまったく知られていなかった。この過程のお陰でわれわれは初めて無意識的な体系の中で起こる諸事象を垣間見ることができ、またそのような諸事象が意識的な思考について知られているものとはまったく異なったものであり、そういう諸事象は意識的な思考には法外で誤ったものと受け取られるに違いないことをわれわれは知らされたのだった。[*37]

そのメカニズムの解明によって、心的なものが生じさせるさまざまな事象が理解可能なものとなる。

フロイトが夢作業として挙げているのは、

・圧縮
・移動
・表現可能性への配慮
・二次加工

の四つである。

夢作業は、言語における修辞として解釈されてきた歴史を持っている。ロマン・ヤコブソン

＊37　Freud (1933), S. 17,（二一）二〇頁。同様の記述は Freud (1917), S. 186,（一五）二二二頁。

とモーリス・ハレは、フロイトが解明した「夢の構造」に相似性と隣接性の二つの軸を見いだす。隣接性に基づくものとして、フロイトの「移動」を換喩に、そして「圧縮」を提喩に結びつける。[*38] すなわち、夢の重点《アクセント》の「移動」は、隣接性に基づく換喩に基づいており、夢思想を夢内容へと「圧縮」することは、全体を部分で表す提喩と見なすことができる（他方で、相似性の軸にあるのは、「同一化」と「象徴」であるとされる。もっとも、フロイトはこれらを夢作業に数えていない）。同様にエミール・バンヴェニストによれば、フロイトの夢の分析で問題になっているのは文体（style）ならびに言い回しである。「なぜなら、フロイトが夢の『言語能力《ランガージュ》』の特徴を示すものと看破した諸特性との比較の項目が見られるとしたら、それは、言語《ラング》の中においてよりも、むしろ文体の中においてだからである。……無意識は、文体と同じように『文彩』を持つ真の『修辞法』を用いるのであって、昔ながらの比喩のカタログがこの二つの表現領域に適合した目録を提供してくれるだろう。……内容の性質が隠喩のあらゆる変種を出現させるであろう」[*39]。そしてラカンは、圧縮を隠喩に、移動を換喩に結びつける。[*40] しかし、ラカンにおける「シニフィアン」の戦略を共有することなしに圧縮や移動の解釈の可否を問うことができない以上、ここではその解釈の検討はおいておこう。それよりも端的に問われるべきは、なぜ四つある夢作業が、二つの言語的修辞に縮減されているのかである。

「夢作業は考えない」

確かに、夢作業には修辞として理解できる要素が多く含まれている。それは、文字通り、何らかの表現されたものからの旋回（turn）であり、派生（derivation）であるところの転義《トロープ》と似ている。しかし夢作業は、この修辞的側面と同時に、言語には還元し得ない形象（figure, Bild）という夢独特の表現形式に深く関わる問題を扱っている。とりわけ、「表現可能性への配慮」と「二次加工」において、この映像化とドラマ化という側面に焦点が当てられる。これらこそ、夢作業を言語的操作と同一視するとき抜け落ちるものである。この二つの夢作業を見落とさないことで、何が明らかになるのか。四つある夢作業を総体として検討することによって、見えてくるものは何か。

　夢作業について論じるとき、その出発点にすべきは次のフロイトの言明である。「夢作業は考えたり、計算したり、判断したりそもそもしない……」[*41]。フロイトによれば、夢作業はもっぱら「変形する umformen」ことに専心している。それは、一義的には、夢思想という素材を夢内容へと変形することである。すなわち、必ずしも視覚的でもドラマ的でもない材料を、夢という

＊38　Jakobson / Halle (1956=1973), 四三頁。
＊39　Benveniste (1966=1983), p. 86, 九五―六頁。
＊40　J. Lacan (1966=1999).
＊41　Freud (1900), S. 511,（五）二八九頁。

視覚的かつドラマ的な形式に作り直すことである。「この［睡眠状態という］退行によって、夢の中で諸表象は視覚的形象に置き換えられ、潜在的夢思想はドラマ化され図解される」[*42]。フロイトは夢作業を、夢という形式を作る上での「力 Macht」、あるいは「能力 Fähigkeit」として捉えている[*43]。夢作業は、何らかの能力であり、ちょうど先に見たニーチェにおける「意志」がそうであったような、欲動に表現を与える媒介的な役割を担っているのである。まさしくそれは能力である。それは転義的な能力であり、さらにいえば、詩や演劇のような仮構物（そのような形式）を作る能力であるとフロイトは考えている。

重要なのは、フロイトが夢作業に思考する機能を一貫して与えていないことである（だからこの動作主《エージェンシー》は作業＝労働するのである）。考え、判断し、計算し、批判するといった能力を、フロイトは夢作業に決して認めない。夢作業は、考えずに、ただ夢という形式を作ること、言い換えれば、視覚的な表現を与え、それら視覚的なものが何らかの結構を持ったものにする仕事を担っている。この夢作業の作動に四つの型がある、というのがフロイトの考えなのだ。「圧縮」と「移動」という夢作業は、次に見る「表現可能性への配慮」の途上において、必然的に生じるといってよいものである。

では、夢作業の言語的把握で見落とされる「表現可能性への配慮」をまず最初に、次に「二次加工」について見ていこう。

いかに平板（farblos）で抽象的（abstrukt）な夢思想を映像的（bildlich）で具体的（konkret）

な夢という形式に置き換えうるか。「表現可能性への配慮」が扱うのはこの問題である。夢が表現できる（darstellbar）のは、具体的なものだけだからである。夢思想を視覚的に上演することこそ、この夢作業に与えられた役割である。

フロイトが主に扱っているのは、さまざまな論理関係を夢がどう表現（視覚化）するのかという問題である。「なぜなら」「けれども」「ちょうど……のように」「……か〜か」といった、言語上では接続詞が扱う論理関係や、前置詞が表すことのできる抽象的な表現は、どう夢では表現されるのか。フロイトはあっさり結論を下す。それらの抽象的な論理関係を表現する手段を、夢は持ち合わせていない、と。それらはせいぜい場面の順序や、同時性としてしか表現されない。夢の中での変身が、変身前と後とで因果関係を表している場合や、最初の夢とそれに続く夢とで、副文と主文を意味しているといった場合が挙げられる。夢作業に知的な働きを求めることはできない。それは、映像化するという「労働」を担うのみである。

フロイトは、方程式を例にとって、夢作業が何をしているか説明している。例えば、日中に取り組んでいた方程式が夢に現れる。夢は、この計算の続きを考えて答えを導こうとしているのかというと、そうではないとフロイトはいう。夢作業は、記憶の残滓からこの計算式を選ん

＊42 Freud (1933), S. 19, （二一）二二頁。
＊43 Freud (1900), S. 495, （五）二六九頁。

で、単に写し取っている。それは計算の意味など考えない書き写しで、「＋」や「－」といった演算記号を数字と取り違え、あるいは指数や平方根を省略してしまう。それはあたかも、計算式を絵として描き写しているようなものである。夢において判断したり考えたりしているように見えるものは、夢思想の材料（例えば日中の記憶）に帰されるべきものである。そして、文字はそれとして判読できるように見えるときにも、文字としての意味作用を失っているので、図像あるいは形象として扱わねばならない。あるいは“Autodisasker”の夢では、「女性で破滅する」という抽象的な中心テーマが、圧縮的にこの文字に表現されていると見なされる。夢作業としての圧縮は、フロイトにとって端的に分量・情報量の縮約である。“Autodidasker”の夢で、浮かび上がってきたこの文字列は、その背後にある“Autor”（著者）、“Autodidaktat”（独学者）、“Lasker”, “Lassalle”, “Alex”（それぞれ固有名）といった種々の連想を圧縮したものである。それぞれの連想には、膨大な記憶と思念が絡まっており、それらを夢は圧縮して“Autodidasker”という文字にして、N教授に話しかける場面とともに上演する。隠喩が二つのものの間の相似性を前提にしているように、ここでも語（綴り）の類似が圧縮に利用されている。

ここでも文字は、形象もしくは物（対象）のごとくに眺められ、分割することによって解釈される。「表現可能性への配慮」で論じられているのは、この形象を作る能力である。そしてフロイトが「解釈」と呼ぶのは、先に触れたように、この形象を「文」で表現可能な「意味」（すなわち夢思想）へと戻すことであった。ここから理解されるのは、夢作業の手練手管を知ることが、解釈の筋道を示すということである。

また「二次加工」として夢作業に数えられているのは、「これは夢に過ぎない（Das ist ja nur ein Traum.）」という夢の中のつぶやきに典型的に表れるものである。この「軽蔑的な批判」は、このように夢の価値を引き下げることによって、むしろ夢の続きを見ることを可能にしていると推測される。睡眠状態と覚醒時の中間に位置づけられる二次加工は、白日夢に似ている。二次加工によって、夢は見かけの一貫性を与えられ、もっともらしい論理性と意味を持つかのように映るが、「この意味は夢の本当の意味（Bedeutung）とは可能な限り遠ざかっている」[*44]。

ここで一つの不整合があることに『夢解釈』の読者は気付く。それは、夢の「歪曲」という事態に関わる。一方でフロイトは、夢が「歪曲」されているのは、夢作業という「まったく特異な性質の過程」のためだと述べていた。まさに先に確認したように、それは夢作業が「考えない」ためである。それは、記憶の再現（映像化）と、それを筋を持ったドラマとして上演する能力であった。しかし他方でフロイトは、夢の歪曲を「検閲」のためだとする。心的装置の中に検閲を想定することによって、それを回避するために夢は歪曲されるのだとフロイトは説明していた。すなわち、検閲という社会的なもの（覚醒時の意識）の代弁者を、無意識的なものと前意識的なものの間に立てて、この検閲の目を誤魔化さなければ、無意識的なもの、すな

*44　Ibid.

わち最終的には性的なものである観念が、夢という「別の舞台」に入ることはできないとする。このとき、検閲を避け、それを掻いくぐるのは「誰」なのか。検閲の意図を読みとり、それを先読みし、その動きを計算し、判断し、その裏を掻くのは「誰」なのか。『夢解釈』の構成で考えるなら、それは言うまでもなく夢作業である。

ここに矛盾がある。夢作業は「考えない」のだから、それが検閲を見越して、検閲の動きを判断して作動することはありえない。というのもこの場合、検閲が何を却下するのか、あらかじめ夢作業が考えているとすれば、それは夢作業の定義に反することになるのだから。フロイトがその作動のあり方を膨大に記述した夢作業に夢の「本質」があるなら、退けるべきは、むしろ検閲という審級ではないのか。願望を好ましくないものとして退け、抑圧する何者かを、フロイトは設定する必要に駆られていたのかも知れない。そうすることによって、夢の願望充足説は単純化され、理解しやすいものとなる。それはわかりやすい政治的隠喩を呼び寄せる。外国からロシアに入る雑誌新聞の記事が当局の検閲によって黒塗りされているという例を、フロイトはここで問題になっている夢の検閲とまったく同じものだという。[*45] しかしこのような説明は、夢作業の複雑な過程を著しく単純化する。願望があらかじめ存在し、検閲はそれを発見して削除するか、もしくは願望が記されたテキストの「原文」がわからないまでに隠蔽・改竄する…。他方、夢の形式についてのフロイトの厳密な思考は、夢作業こそが夢思想／夢内容という区別を作ると述べていた。あらかじめ検閲を怖れる観念が存在するかのような見方は、むしろ、夢作業という表象再現能力における真の問題を隠すものである。性的な好しからぬ観念。そのような一つの「意味」に落とし込める何ものかが、問題になっていたのではなかった。少なくとも夢思想は、もとより曖昧な形象性を含み持ち、判じ絵や象形文字に比べられるべきものであった。この曖昧さは、夢の本質を形成しているものであり、それに関与しているのが夢作業であったのだ。検閲といった別の動因を立てるまでもなく、夢は曖昧なのである。

『夢解釈』でフロイトが決して認めたがらなかったのは、夢の表現に含まれる「遊戯性」である。フロイトは、夢作業に遊戯の契機を認めたくないが為に、検閲という別の動作主《エイジェンシー》を立てたのだ。むしろ検閲は、二次加工の解説が示すように、夢作業の中に含めてよいものであり、決して特権的な動作主ではない。

仮託と模倣——遊びとしての願望充足

夢の願望充足説は精神分析の理論にとっての核心であり、原理とでも呼ぶべきものである。夢の表れを読みとることができ解釈できること、つまりは夢の背後にある無意識の「意味」を明かすことが、精神分析という学の新しさと独自性の大部分を占めていたと考えられるなら、

＊45　Freud (1900), S. 534,（五）三一六頁。

このポジティヴな命題こそ原理を形成している。にもかかわらず、夢は願望であるという基本命題は、『夢解釈』の中で原理たる明快さを以て読者の前に現れることはない。

われわれは、フロイトが詩人を範として自由連想を考えていたことを指摘することでこの考察を開始した。自由連想を説明するときフロイトが目論む詩作とのアナロジーは、単に想像力の開放／制限だけではなく、それ自体が現前することはない願望を夢がいかに可視化するかという表現にまつわるアポリアにおいても詩の問題系に触れていたのだった。すなわち、目に見えないものを見えるようにする「能力」が、シラーやニーチェと同様、問題となっていた。願望を視覚的かつ演劇的なものへと置き換える能力は、既に見たように『夢解釈』においては夢作業に担わされている。

フロイトは『詩人と空想』において、『夢解釈』とは逆の方向から同じ問題にアプローチしている。つまり、夢の願望充足を理解するために詩人の態度に範を求めるのではなく、詩人の創作の側から夢における表現の問題に接近している。『詩人と空想』は、詩作と空想、そして夢とを等置することによって、詩人（作家）における作品が願望充足であるとしている。この論考において、詩人が詩作においてしているのと類似した活動として、子どもの遊びが参照されている。遊ぶ子どもは、後年の『快原理の彼岸』でもそうであるように、フロイトにとって欲動の動きを目に見える形で表現してくれる存在である。ただし、精神分析にとっての特権的参照項である遊ぶ子どもは、欲動の原初的な動きを可視化するものの、そこで満たされているはずの願望はそれ自体を自明のものとして見せてくれるわけではないのだ。フロイトによれば、子どもにとって遊びは何より真剣なものであり、その本質は現実とは別に自分だけの世界を作ることにある。より正確には、遊びとは、世界の事物を自分の気に入るように秩序づけることである。そこで何より重要なことは、想像上の対象と状況を、理解可能で見ることのできる現実の対象に「仮託する anlehnen」ことである。『快原理の彼岸』に登場するフロイトの孫エルンストは、一人で糸巻きを投げては戻すという遊びをしているが、このとき糸巻きは母親を表しているとフロイトは解釈する。ここでの言葉遣いに従えば、エルンストは糸巻きという対象に想像上の母親を仮託していることになる。子どもは現実に仮託することで遊ぶが、遊びと現実をしっかり区別している。子どもは遊びの中の糸巻きと現実の母親を取り違えることはないのだ。子どもの活動は、遊びであるが故にどこまでも真剣なものなのである。このようにフロイトにとっての遊戯は、真剣さや真面目さに対立するどころか、その本質を成しているのである。

さて、詩人がしていることは、叙事詩や悲劇のように与えられた素材を引き受けるのでない限り、同様に想像上の対象や状況を、表現可能で理解可能な対象に仮託することである。詩人の創作上の造形技法（Gestaltungskunst）、つまり具現化する技術は、フロイトにとって、子どもが遊びにおいて行っているような想像物を現実の事物へ仮託する点においてまったく同じである。詩人の活動を理解するために、フロイトは夜見る夢と白日夢に範例を求める。そして詩人の創作も夢も、子どもの遊びを原型に持つことにおいて同じであるとされる。「想像上の対象や状況を現実の事物に仮託すること」として要約できる遊び＝詩作は、さらに夢においては言わずもがな、願望を充足することを目指しているとフロイトは述べる。このようにいずれの活動も願望充足であるとすることで、事態は単純化されるように見えるが、ここでフロイトが差し出している図式から判明するのは、肝心の願望充足そのものは決して単純ではないということである。創作活動は、強烈な印象を残す実際の体験が古い幼児期の記憶を呼び覚ますことによって始まると述べた後、フロイトは「この定式の複雑さ」に言及する。すなわちそれは「詩作は新鮮な誘因の要素とも、古い記憶とも認識される」という曖昧さのことである。[*46] すなわち、創作物――フロイトは身近で人気のある作家たちのそれを想定している――は、作家が新しい印象によって導かれて書いたものとも見なしうるし、幼児期の体験に喚起されて描かれたものとも見なしうる。では、創作によって満たされているとされる願望はそもそも何なのか。ここでフロイトは（願望が満たされていた）幼児期を呼び戻すことが願望充足であるとも、現実とは別の世界を構築すること自体が願望であるようにも述べている。

『詩人と空想』において、願望充足は詩作や空想といった活動の究極目標であり、われわれを動かしている原因であるとされるにもかかわらず、決して到達しえない場所に置かれているかに見える。充足は延々繰り延べられていくものとして願望は説明されている。詩人は詩作において、そして創作をしない人間においては空想において、願望を満たすことが目的となるとフロイトは主張していた。空想では、その時々の状況に応じた現実の素材を用いながら幼児的願望を満たすことが目指され、そして作家たちも何らかの現実に仮託する作品の創作を通じて願望を充足するのだ、と。しかし、願望の純粋型とでも呼びうる子どもの遊びにおいて、どのような願望の充足が目指されているのかに着目すると、事態はそれほど単純ではないことがわかる。フロイトによれば、子どもの願望は「大人のようになること」である。すなわち大人を真似ることがそこで願望と呼ばれ、願望は模倣する行為そのものに求められる。「子どもの遊びは、願望によって、本来子どもを教育するのを助ける願望によって導かれる。願望とはすなわち、大きく、大人でありたいという願望である。子どもは常に「大人であること」を装い「遊び＝演じ」、遊びにおいて大人の生活から知ったことを模倣する」[*47]。こうして、大人は子ども時代の願望を、子どもは大人になりたいという願望を抱くという始まりも終わりもない円環が描かれることになる。ここでわれわれは、「仮託」に次いで、「模倣」という願望の基本的動作を確認することになったのである。フロイトが詩人の創作物から引き出した「複雑な定式」は、願望が依託と模倣によって始まりのない円環へと送り返されることによって、宙づりにされること

＊46　Freud (1908), S.221.（九）二二七頁。「精神分析への関心」で、フロイトは「人の願望代償の複雑な構造」における芸術の意味を精神分析が明らかにするだろうと述べている。そこで芸術は「願望が拒絶された現実と願望の満たされた幻想世界の間の中間領域（Zwischenreich）」と呼ばれている（Freud (1913a), S. 417（一三）二三〇頁）。これは、フロイトが転移空間を定義するときと同じ言い回しである。第二章註11を参照せよ。

＊47　Freud (1908), S.216.（九）二三〇頁。

を含意している。

願望充足をめぐるこの「複雑な定式」は、実のところ『夢解釈』においても作動している。フロイトが「知覚同一性の再現」を願望の究極目標としているにもかかわらず、である。夢が最終的に快の知覚同一性の再現を目指しているという『夢解釈』で論じられた願望充足説は、夢作業という媒介項によって著しく不透明さを増していた。すなわち、夢内容と夢思想の関係（換言すれば、表れと意味）は、単純な対応関係を持たないのだった。夢作業は非視覚的なものを視覚化するという無理な仕事を担っているのだが、その内実は映像化、演劇化であるとフロイトは強調していた。この演劇（Spiel）の要素こそ、夢作業が決して知覚同一性の再現としての願望充足に忠実なものとはならないことの証左である。夢作業は演劇として、つまりは遊び（Spiel）として夢を形作るのだ。夢思想から快の知覚同一性へと遡りうるはずだという『夢解釈』における願望充足のプログラムは、このようにして著しく複雑さを増す。

詩人がその遊びたる作品を披露する（vorspiel）とき、読者が感じる快はどのようなものかについてのフロイトの考察を次に見ていこう。もはや子どものように遊ぶことをやめた大人は、遊ぶ代わりに空想するようになる。空想を口にすることを恥じる大人を強いてその内容を話させても、それを聞いた者が何らの快も感じないのに対して、同じ遊びの代償である作家の作品から快を感じるのはなぜなのか。空想や白日夢が自我中心的であるのに対して、詩人はその自我中心性を和らげ、「純粋に形式的、つまり美的な快の獲得」を可能にしているからではないのか、とフロイトは推測する。自我が都合よく、そして手っ取り早く快を手に入れる空想のプロットは、夢や詩人の創作物より劣るとフロイトは言わんばかりである。すなわち、「美的」観点においてである。そして夢に「美的な快」が含まれていることこそ、『夢解釈』における「願望充足」を理解する上で重要である。

この「美的な快」を、フロイトは「前駆快 **Vorlust**」を呼ぶ。空想ならば恥の情動を生むところのものを、ある種の創作物は恥を感じることなくそのプロットを楽しめるようにしている。そこで感じられているのが前駆快である。『舞台上の精神病質的人物』において、フロイトは美的な快たる前駆快について論じている。詩人（そして俳優）が可能にしているのは、観客が舞台上の人物に同一化することを可能にすることである。この同一化可能性の条件を作り出すことこそ、詩人の技術である。観客は舞台の俳優に同一化しつつ、ただし、それが自分ではないこと、つまりは「遊び」であるという感覚において、そこに繰り広げられる苦悩のみならず死をすら体験することができる。舞台上の苦悩や死は、不快ではなく、快をもたらす。[*48]

＊48　舞台は精神分析の思考のモデルであり、さらに母型ですらあるとラクー＝ラバルトは論じている。Lacoue-Labarthe (1977), p. 182ff. フロイトは、『詩学』のアリストテレスに忠実であるかに見えて、そこに彼独自の視点を加える。「恐怖と憐憫」を喚起し、それらの情動を浄化すること（カタルシス）が演劇の目的であるとしながら、フロイトはそこに「性的共興奮 sexuelle Miterrgung」という「副次的利得 Nebengewinn」を見いだす。Freud (1906=1942), S. 656,（九）一七三頁。

そこで経験される快は、子どもが遊ぶときに感じている快と同じであると、またしてもフロイトは遊ぶ子どもに言及する。「子どもは、自分も大人と同じことができるのだという漠たる希望を遊びの中で満たしているが、同情しながら演劇を観ることは、大人に、子どもにおける遊びと同じものをもたらしている*49」。

オイディプスの欲動

さてこのように、願望は、あたかも円環的な構造を持つように見える。すなわち、子どもの願望は大人を模倣することであり、他方、大人は子ども時代の願望を再現しようとしているという始まりも終わりもない循環である。そしてこの水準において問題になっている願望は、美的な快と呼びうるものであり、前駆快であるとフロイトは論じていた。現実の素材に仮託して遊ぶこと、誰かになりすまし、その人のように振る舞うことがもたらす快こそ前駆快の内容である。確かに、このように同語反復的に願望を理解することで、願望にまつわるある逆説はうまく説明することができる。つまり願望は充足された瞬間に消えてしまい、もはや願望ではなくなるという逆説である。願望は満たされない限りで、願望としてあり続ける。子どもが大人のようになろうとし、大人は子ども（時代）に戻ることを求めるというここまで見てきた願望の構造は、充足が延々と繰り延べられる様を説明してはいる。しかしここに付け足すべきは、欲動のレヴェルにおける説明である。すなわち、欲動が反復するという性質であり、それに相関する、決して満たし得ないものとしての願望についての理解である。フロイトは幼児期という起源に一つの失敗を想定することで、遊びとしての模倣、模倣願望を説明している。そこでわれわれはオイディプスに再会することになる。

幼児を大人の模倣に向かわせるもの、それは幼児の「知識欲動 Wißtrieb」である。根源的な欲動と見なすことはできないにしても、性欲動に従属させることもできないこの知識欲動は、「予期せぬ」早さで、そして「思いがけなく」強力に作動している。幼児は、子どもはどこから生まれるのかという謎の前に立たされる。それは自身ならびに性差が関わる人間存在一般についての問いであり、まさしくスフィンクスが投げる問いに答えようとするオイディプスそのものである[*50]。幼児の知的探求は、最初からセクシュアリティについての理論的探究であるとフロイトは述べる。そしてこの探求は、幼児の未熟さによって不可避に失敗する他ない（例えば、子どもは肛門から糞便のように生まれると観念される）。

…この幼い研究者の努力は決まって不毛で、知識欲動を永続的に毀損することも稀ではない

＊49　Ibid.
＊50　Freud (1905), S. 95,（六）二四八頁。

断念に終わる。非常に幼い時期におけるこの性研究はいつも一人で営まれる。性研究はこの世界に自力で足を踏み入れる、最初の一歩を意味しており、幼児がこれまで全幅の信頼を置いていた彼の周囲の人間からの強い疎外を生じさせずにはおかない。[*51]

テーベのスフィンクスが差し出す謎の前に立つように、幼児は孤独に性理論を生み出す。そして改めて世界を見渡したとき、大人たちは、この謎の答えを既に知っており、幼児は大人を真似ることでそれを知ることができると予感するのだ。フロイトは『レオナルド・ダ・ヴィンチの幼年期の思い出』の一節で、次のように知識欲動と模倣の願望を結びつけて説明している。「その性研究の過程で、子どもは、彼らに知ることも行うことも拒まれている何か素晴らしいことを、大人は、謎めいてはいるが有意義な領域において為しうるということを予感すると、子どもの中には［大人と］同じことをしたいという猛烈な願望が活動し」だす。[*52]

こうしてフロイトは、模倣の願望を知的かつ性的関心に基づかせる。しかも幼児の「理論的営み」が失敗せざるをえないことこそ、模倣の「猛烈な願望」が欲動の次元に根ざしていることを説明する。自らの存在についての失敗した「理論」は、幼児を疎外状態に置く。フロイトにとって、幼児の「寄る辺なさ Hilflosigkeit」は、人間の子どもが他の動物に比べて著しく未成熟であるという生物学的次元のみならず、この幼児による性研究の行き詰まりをこそ意味している。先に見てきた模倣の快ならびに美的な快は、遡れば、この原初的失敗を埋め合わせようとする試みであり、セクシュアリティに深く結びついている。美的な快は、ある失敗もしくは欠如を糊塗する試みと捉えうる。

知識欲動のモデルとなる智者オイディプスと、近親相姦的欲望の体現者としてのオイディプスは別のものであろうか。ここで再びニーチェを参照するなら、近親相姦だけではなく知それ自体が、自然に反する罪である。オイディプスはその知識によって自然の秩序を乱し、そのことによって破滅する。「……自然──かの二重の本性を持つスフィンクス──の謎を解いた人物は、父親の殺害者かつ母親の夫として聖なる諸秩序を破らざるをえなかった。そう、神話がわれわれに語ろうとしているらしいのは、明察、まさしくディオニュソス的明察は、自然に反する残虐行為であるということ、その知によって自然を破壊の深淵に突き落とす者は、自らもその身に自然の崩壊を体験しなければならなかったということなのだ」[*53]。ジャック・ランシエールはこの箇所を捉えて、次のように述べている。悲劇において「知は、ある客観的な理想状態を把握する主体的な行為としてではなく、生者のある種の情動（affect）、情熱（passion）、さらには病（maladie）として定義される」[*54]。同じくフロイトが幼児に見いだしているのは、知を求める

＊51　Ibid., S.97,（六）二五二頁。
＊52　Freud (1910), S. 198,（一一）八三頁。
＊53　F. Nietzsche (1872), S. 67, 九三頁。
＊54　Ranciére (2001=2004), p. 26, 二四頁。

病的な執拗さであり、対立するかに見える知と受苦とを一身に合わせ持つオイディプスであった。ただし虚構上のオイディプスに待ち受けているのが破滅であるのに対して、幼児は、根本的な無知を知へと置き換えることに失敗し、模倣や遊びによってその受苦を遣り過ごす。

フロイトが見いだした三幅対のアナロジー、すなわち遊ぶ子ども、詩人の創作、そして夢において充足される願望は、いずれも知の情熱によって駆動される。この点から見て、「イルマの注射の夢」から精神分析が始まったのは決して偶然ではなかったと言える。すなわちそれは、知の情熱に駆られた一人の男による自己分析の過程であり、病としての知をリミットまで推し進める試みであったのだから。

第四章　成功したパラノイア

精神分析運動が展開していく過程において、フロイトが常にパラノイアと併走していたことは見逃すことができない。パラノイアとの緊張関係が、フロイトの精神分析の内実に大きな痕跡を残している。精神分析以前においても、さらには精神分析運動の直中においても、疾病のカテゴリーとしてのパラノイアとパラノイア患者が重要な役割を演じている。しかし、フロイトが「パラノイア」という言葉において語っていることは、単なる疾病分類を超えた意味をも帯びている。彼自身が「パラノイア」にこだわっただけではなく、学としての精神分析のあり方、方法論をめぐる問いにパラノイアが絡みついてるのだ。

フロイトはブダペストのシャーンドル・フェレンツィに宛てた手紙の中で、「パラノイアが失敗しているところのものに、私は成功した」と述べている（一九一〇年一〇月六日）。しばしば引用されるこの一節が、精神分析運動におけるどの時点に書かれたかに着目しつつ、その意味を考えてみたい。

この言明の約半年前に、国際精神分析協会の第二回ニュルンベルク大会が開催され、最初の規約が承認されている（一九一〇年三月三一日）。いよいよ精神分析運動が支持者を集めて、組織として形を取り始め、通信誌や機関誌が続々と発刊されようとしていた時期である。[*1]

そしてユンクがダニエル・パウル・シュレーバーの『ある神経病患者の回想録』を読んでみるようフロイトに勧めたのはちょうどこの頃である。フロイトはこの回想録を読んで、そのパラノイア論を『自伝的に記述されたあるパラノイア症例』として翌年発表することになる。

その年のフェレンツィへの手紙に「パラノイア」という単語が見いだされるのは、フロイトがシュレーバー論に取り組んでいたということを考えれば、何の不思議もないように見える。[*2] この「失敗した」パラノイア患者とは、シュレーバーだけではなく、精神分析の揺籃期において重要な役割を果たしたところの、かつての盟友、ベルリンの耳鼻咽喉科医ヴィルヘルム・フリースでもあった。しかしフロイトは、彼らを遠巻きに単なる「病人」として見ることはできなかった。「パラノイアが失敗しているところのものに、私は成功した」という表現には、危うくパラノイアと同じ運命を辿るところを、彼が辛うじて回避したというニュアンスが滲み出ている。すなわち、パラノイア問題にはフロイト自身の危機があり、さらにそれは精神分析運動の危機にもつながる問題系を形成している。

まず始めに、フロイトがシュレーバー論でいかにパラノイアを論じているかを確認しておこう。そうすることで、フロイトがパラノイアをどのように理解しているのか、またそれがフロイトと精神分析の方法論にとってどのような問題であったかを見ることができる。

フロイトのシュレーバー症例解釈

フロイトがシュレーバー症例を読む際に重視するのは、シュレーバーにおける脱男性化、あるいは女性化の妄想である。シュレーバーが二度目に発病したときに浮かんだ「……性交を受け入れる側である女になってみることもやはりなかなかに素敵なことに違いないという考え」

＊1 機関誌は、発刊された順に以下のようになる。『精神分析・精神病理学研究年報（Jahrbuch für psychoanalytische und psychopathologische Forschungen）』編集：C・Gユンク（後にK・アブラハム編集）、発行人：E・ブロイラー、S・フロイト、1-5(1909-1913)。『精神分析中央誌（Zentralblatt für Psychoanalyse: Medizinische Monatschrift für Seelenkunde）』編集：A・アドラー、W・シュテーケル、1-2(1911-1912)。『イマーゴ：精神分析の精神科学への応用のための雑誌（Imago: Zeitschrift für Anwendung der Psychoanalyse auf die Geisteswissenschaft）』編集：O・ランク、H・ザックス、1-23(1912-1937)。『医学的精神分析国際雑誌（Internationale Zeitschrift für ärztliche Psychoanalyse）』編集：S・フェレンツィ、O・ランク、E・ジョーンズ、1-23(1913-1937)。

＊2 同じく一九一〇年一〇月二四日付のカール・アブラハム宛の手紙で、精神分析運動を有利にするために唯一の大学人であったスイスのオイゲン・ブロイラーと近づきになりたいということを述べるのに、フロイトは彼と「神経接続 Nervenanhang」したいと『回想録』のシュレーバーの表現を模倣して述べている（E. Freud hrsg. 1968, S.100)。

がそれである。[*3] 女性化は、当初、比較的無害なものとして語られる。しかし次第に、脱男性化されて女性になることは、途方もない迫害、侵害、性的恥辱としてシュレーバーを襲うことになる。最初はシュレーバーを診た医師フレヒジッヒが、後には神が、シュレーバーを迫害する存在として観念されるようになる。この女性化の妄想は、徐々に受け容れるべきもの、一度破滅したことになっている世界を清め、救済するための手段と考えられるようになる。神と性交して子を身籠もるという神聖なる目的が、これを正当化するのである。

フロイトの解釈によれば、様々ある中でも女性化こそがシュレーバーの妄想の核である。シュレーバーはその不可避性を「世界秩序」といった宗教的言語で語る。「脱男性化は、第一に……神の神経の本質に関わり、他方では、どこかの天体の人間を——神が特に意図することもあり、そうでないこともあるが——消滅させる世界的天変地異に際して、人類の更新を可能にすることを必然化する世界秩序の基礎を成している計画に関わっている」[*4]。この女性化しなければならないという最も怖れられている事態は、次第に受け容れるべき試練として了解されるが、それは自らを納得させるための後づけの「合理化 rationalisation」（ジョーンズ）に他ならない。それは心的過程とは別の「偽」の説明である。

迫害妄想に苦しむ者は、「彼が自らをそのような迫害に値する偉大な人物であると仮定する」ことによって、その謎を解明＝合理化しようとする。[*5] 問題はあくまで、セクシュアリティに求められるべきで、正確には同性愛的に固着したリビドーにある。シュレーバーの、偉大な教育家であった父親との関係、そして自殺した兄との関係に発病するに至る根があるのでないかとフロイトは推測している（『回想録』の第三章は、シュレーバーが家族について記した章であったが、プライヴァシーを配慮して出版に際して削除されている）。そして医師フレヒジッヒとの関係が、病因となる同性愛リビドーを暴発させるきっかけを作る。

医師に対する同情（Sympathie）が、八年後に突然強められ発病したという仮定の微妙さ、その「ありそうもなさ（Unwahrscheinlichkeit）」のために、それを捨て去る権利はないのだとフロイトは述べる。[6] シュレーバーとその担当医師の間の転移関係を考えれば、この仮定は奇妙なことではないとフロイトはいささか強引に前提を納得させる。

フロイトは、パラノイアを同性愛的願望に対する防衛として把握する。パラノイアにおいて、「私（男）は彼を愛する」という同性愛的願望は、抑圧される（このプロセスは「音もなく」行

＊3　Daniel Paul Schreber(1903), S.26, 六八頁。以下、Kadomos 社ドイツ語新装版、平凡社日本語訳版『シュレーバー回想録』の順に頁数を記す。

＊4　Ibid., S. 38, 八四–八五頁。

＊5　Freud(1912b), S.284,（一一）一四八頁。ジョーンズは当該論文で「合理化」と並んで「回避 evasion」を論じている（Jones(1923)）。

＊6　Freud (1912b), S. 282,（一一）一四六頁。仮説が必ずしも「本当らしい wahrscheinlich」必要はなく、むしろ真理が「本当と思えない unwahrscheinlich」姿をしているというフロイトの真理観については第五章を参照せよ。

われる)。同性を愛するというこの感情は否認され、「私は彼を［むしろ］憎んでいる」と変換される。ただしこの部分は意識されないまま、その憎悪の対象への投影が生じ、「彼こそ私を憎んでいる」と観念されることになる。こうして、「私は彼を憎む、なぜなら彼が私を迫害するから」というパラノイアの迫害妄想が完成する。

フロイトは、リビドー理論ならびに抑圧理論の中に、シュレーバー症例を収めてみせる。パラノイアで問題となっているのは、抑圧された同性愛的傾向である。欲動の一部が、その発達を妨げられ、たとえ後に異性愛者となったとしても、同性の対象に「固着」したままになっている。ここで確認すべきは、フロイトが欲動の段階的な発達という図式を下敷きにしてパラノイアの病因を論じているということである。欲動を発達に応じて体系化、ヒエラルキー化する見方は、『性理論三篇』に示されている。それは、欲動が自体愛的段階から対象愛の段階へと移動していくという見方、前性器的な段階である口唇期から、肛門期を経て性器期に至るという考え方である。「発達」という視点によって、欲動がより一貫した形で捉えられ体系化される。しかし注意を要するのは、この欲動理論の教義化とでも呼ぶべき傾向が明確になるのが、『性理論三篇』の初出年(一九〇二)ではなく、ようやく一九一五年になってからということである。「性的な体制の発達段階」についての記述は、『性理論三篇』の改訂第三版で初めて付け加えられるのであり、このような欲動理論の体系化は、精神分析が理論として自律していなければならないという制度化の要求に見合うものであると言ってよい。ここではパラノイアの病態が精神分析という新興の「学 disciplin」の「基本言語 Grundsprache」（シュレーバー）によって説明されねばならないという要請がある。

パラノイアの病因は、欲動の一般理論の中で説明されるのであって、同性の対象に固着したままになり、発達が「疎外」された欲動に見いだされねばならない。このパラノイアの欲動理論による把握は、当時のアカデミズム、記述的な精神病理学における疾病分類と競合関係にある。すなわち、クレペリンの「早発性痴呆 dementia preacox」であり、ブロイラーの「精神分裂病」がそれである。フロイトはリビドーの固着という精神分析独自の視点によって、従来の疾病分類を言い換えようとしている。「われわれは［パラノイアと］類似した素因をクレペリンの早発性痴呆や（ブロイラーによる）分裂病に組み入れねばならないが、両疾患の形態と出発点における差異を、対応する素因的固着の違いによって根拠づけるために、さらなる手がかりを獲得したいと思う」[*7]。さらに指摘しなければならないのは、他ならぬシュレーバーこそ、クレペリンの疾病概念について異議を申し立て、幻覚の性質について彼自身の体験に基づいて反論を加えていることである。[*8] いわばここで、フロイトとシュレーバーは当時の支配的な疾病概念を受け入れない点において同盟している。当然のことながら、フロイトが自ら進んでシュレーバ

＊7　Freud (1912b), S. 298,（一一）一六四頁、強調引用者。

＊8　Schreber (1903) S. 225, 三八四–三八七頁。

ーの側に立ったのである。

この固着というアイディアは、後にフロイトが「原抑圧 Urverdrängung」と呼ぶことになる、抑圧の条件を作る過程としてある。欲動は、その発達過程において、その一部がある対象に結びついたままとなり、それがもたらす充足にとどまることになるとフロイトは仮定する。欲動が発達に応じて次々とその対象を変えていく中で、幼児的な対象を持ち続ける一部の欲動は、古い層として残り続ける。それはまさに押しのけられて保存されるのであって、後に再び欲動が押しのけられる、つまりは抑圧されるときの場所をつくっている。これが原抑圧という、最初に起こっていたと想定される抑圧である。固着した欲動の活動——それはその対象に結びついた幻想をともなう[9]——は、しかし、時を経て不快なものとして感知されるようになり、自我と葛藤を起こして積極的に抑圧される（いわゆる「本来的な」抑圧）。ところが、パラノイアにおいては、欲動の発達における自体愛的段階と同性を愛着の対象とする段階との間に「弱い箇所」があり、その抑圧に失敗する。[10]さらにはこの抑圧したものが回帰することによって、固着の場所が「決壊」して、先に見た同性愛を「否認」する防衛体制が発動する。[11]すなわち同性の対象への愛は憎悪となり、されに投影というメカニズムを経て、迫害妄想として回帰するのである。シュレーバーは、その発端として具体的には医師フレヒジッヒに相対しているが、それは妄想の強度が増すにつれて、神に対する闘いとなる。フロイトは、この神は父親と「翻訳」してよいものとし、シュレーバーの父親に対する同性愛的固着に病因を求める。[12]

パラノイアとオリジナリティの不安

ここで、冒頭で見たフロイトの言葉に戻ろう。「パラノイアが失敗するところのものに、私は

＊9　カール・アブラハムは、パラノイアにメランコリーと同様の、失われた対象の取り込み（体内化）および再構成を見て取っている。さらに、この取り込まれた対象は、肛門的対象であり、糞便として表象されると述べている。「パラノイアにおいては愛の対象が排泄することのできない糞便によって表現される」（K. Abraham 1925=1982, S. 92）。パラノイアについて、フロイトの投影とアブラハムの取り込みを同時に考えてみると、シュレーバーの妄想のある側面が理解できるかもしれない。シュレーバーを迫害する「神」は「光線」＝投影のメタファーでまさに語られるが、この光線は彼と「神」を繋ぐだけではなく、彼の排便にも作用を及ぼしている。「どの目的を達成するためにも、私の場合、必ずすべての光線の合体が必要となる。排便を可能にするためでさえ、そうなのであるが、…「神はく○を垂れる」という表現はしばしば用いたがるくせに、排便の要求を満足させることで生じる魂の官能的愉悦を怖れて、いざ実際に私が排便しようとすると、奇跡によってその要求を再び押しとどめようとするからなのだ」（Schreber S.230, 三九二頁）。

＊10　Freud, ibid.

＊11　フェレンツィ宛のフロイトの手紙（一九一〇年一二月六日）には、抑圧のメカニズムの「分解」と称して、一、固着、二、本来の抑圧、三、回帰（突発）の段階に分けて説明されている。「突発は固着の場所で起こる」ということ、「突発のメカニズム」は抑圧ではなく、自我の発達段階に左右されると述べている（Haynal hrsg. (1993), I/1, S. 336）。

＊12　サンダー・ギルマンは、シュレーバーの女性化の妄想が、当時の反ユダヤ的言説の典型であること、フロイトがこれを知りつつ決して解釈の俎上に載せないことに苛立ちを見せている（Gilman, 1993=1997）。

成功した」がそれであった。フロイトは、まさにシュレーバー論に取りかかっているときに、フェレンツィに対してこう述べたのだった。フロイトのパラノイア理解からすぐに想定されるのは、そこで問題になっているのが同性愛であり、そしてその否認ということである。しかし、いかにしてこのパラノイア問題にフロイトは「成功」したのか、そのことについての彼自身の説明は、いかにも説得力を欠くように思われる。「同性愛的備給の一部が引っ込められ、自我の増大に用いられたのです[*13]」。これは、フロイトがかつてのフリースとの一件を「乗り越えた」という勝利宣言の中で述べられる。ここで言われているのは、単にフロイトがフリースに対する同性愛的感情をそれとして認識し、否認しなかったということ、さらにフリースとの関係が破綻することで生じた自らの危機を回避したということであろう。

ただし、フロイトのパラノイアへの関心は、同性愛的欲動の問題だけに限定することはできない。フロイトには、自分こそパラノイアではないかという不安が憑き纏っている。それは何より、影響不安と、精神分析の方法論そのものに関わる不安である。シュレーバー論には、フロイトのパラノイア的不安が垣間見られる。

エリック・ザントナーは、フロイトが、シュレーバー論の最後で自らの見解の独自性を主張している箇所に着目している。シュレーバーがその『回想録』で再三述べている「神の光線」や「神経繊維」「精液［の糸］」は、「具体的に表現された、外部に向けて投影されたリビドー備給」であり、これらの妄想は、「われわれの理論との際立った一致」を示している。「私は批判を怖れないし、自己批判をもためらわないのだから、もしかすると多くの読者の我々のリビドー理論への評価を損なわせかねないある類似性に言及するのを避けるいかなる理由もない。太陽光線や神経繊維、精子の圧縮によって構成されたシュレーバーの『神の光線』は、物的に表象された、外部に投影されたリビドー備給に他ならず、彼の妄想にわれわれの理論との際立った一致をもたらしている」[*14]。患者シュレーバーについての鑑定書を書いた医師ヴェーバーは、シュレーバーについて、「病的観念が完全な閉じた体系を作っている」と、その精巧な妄想の構築物を評していた[*15]。他方でヴェーバーは、シュレーバーの知性が確かなものであると請け合っている。「最初に繰り返していっておかねばならないのは、パラノイア患者にはよくあるように、この患者においても、知性や形式的思考の組み立てが著しい毀損を受けているようにはまったく思われないということである」[*16]。そのシュレーバーの妄想体系が、「科学」たらんとしている精神分析理論と多くの点で「一致」していると、ここでフロイトは打ち明けているわけである。そこに、見解の独自性についてフロイトの「驚くべき異議申し立て」（ザントナー）が続く。フロイトは次のように述べる。

＊13　Haynal hrsg. (1993), I/1, Freud/Ferenczi, 6. Okt. 1910(171F).
＊14　Freud(1912b), S.315,（一一）一八三頁。
＊15　D. P. Schreber(1903), S.278, 四六八頁。
＊16　Ibid., S.284, 四八一頁。

私がパラノイア理論をシュレーバーの本の内容を知る前に発展させたことについては、友人や専門家たちの証言を持ち出すことができる。私の理論に私が思うより多くの妄想が含まれているかどうか、もしくは、シュレーバーの妄想に他の人々が今のところ信じているよりも多く真理が含まれているかどうかは、未来に委ねられている。[*17]

フロイトのこの言明は、実はそれ自体がシュレーバーの表現に対応している。そのシュレーバーの言葉は次のものである。

……私の妄想や錯覚とされているもののなかに、もしかすると何らかの真理が潜んでいはしないかという戸惑いや疑問を医者たちのなかに呼び起こすことができさえすれば、それはいまや私の論法の巧妙さの偉大な勝利であるとせねばならないだろう。[*18]

フロイトは、彼がシュレーバーの本に出会う以前に独自のパラノイア論を持っていたことを訴える（この点については後で触れる）。精神分析理論に妄想が含まれているのか、それともシュレーバーの妄想に真理があるのか。フロイトはあえて自ら判断を下すことなく、それを読者に委ねる身振りを見せる。ザントナーは、ここでのフロイトの独自性へのこだわりは、影響不安と裏腹であると見ている。その不安は、他ならぬシュレーバーの影響不安を写し取ったものである。シュレーバーは、主治医であるフレヒジッヒ博士からの「神経接続」として「神経言語」について語っていた。シュレーバーによれば、「神経言語」とは、通常人が何かを暗唱しようとするときにやるような、言葉を口に出すことなく「神経を震動させる」やり方、いわば内なる声のようなものである。正常な状態では、「神経言語」の使用はその個人の自由に任されている。他方「神経接続」は、おそらく神にのみ可能な能力であって、夢をその人に見させるといった形で行使されているとシュレーバーは推測する。「しかし、私自身はこういった影響をまずフレヒジッヒ教授から発するものとして感受した。このような事態の説明としては、フレヒジッヒ教授が何らかの方法によって神の光線を操る術を心得ていたということしか私には考えられない。もっと後になると私の神経はフレヒジッヒ教授の神経だけではなく、直接神の光線とも結び合わされた。この作用のあり方は、年が経つにつれますます世界秩序に反する形態をとり、そしてまた自分の神経を自分の自由に利用するという人間の生来の権利にも反する形態をとっていき、いうなればグロテスクなものになっていったのである」[*19]。

フレヒジッヒによる神経接続——それは思考強迫である——は、何よりフレヒジッヒからの影

＊17　Freud (1912b), S. 315,（一一）一八三–四頁。Santner (1996), p. 20.
＊18　Schreber (1903) S. 98, 一八七頁。
＊19　Ibid, S. 34, 八〇頁。

響不安としてある。この影響不安は、パラノイアにおける迫害妄想の一形態とも見なしうる。自分の頭の中で考えていることが、シュレーバーには、フレヒジッヒによる思考の強制と感じられるのである。シュレーバーが体験したことは、抵抗できない言語の「植え込み implantation」であったとザントナーは指摘する。*[20]

シュレーバーの症例を分析していく中でフロイトの頭をよぎっているのは、自身のパラノイア論がシュレーバーのそれの引き写しであると読者に思われるのではないのか、という不安である。ザントナーは、フロイトのこの不安が、まさにシュレーバーの側からの「言語的植え込み」を怖れてのものではなかったのかと論じている。フロイトが、シュレーバー以前に独自のパラノイア論を持っていたことをわざわざ付け加えねばならなかったのは、この影響不安があったからではないのか、と。ただしフロイトは、シュレーバーを拒絶して遠ざけているわけではない。その反対である。フロイトは、シュレーバーの思考様式と、精神分析の理論との親和性を認めているのだ。シュレーバーの症例は、一見セクシュアリティがわずかな役割をしか担っていない「否定的事例」であるように見える。しかし、「シュレーバー自身は、彼がわれわれの先入見（Vorurteil）の信奉者であるかのように何度も意見を述べている」*[21]。「われわれの先入見」、つまりは精神分析のリビドー理論をシュレーバーは支持しているかのように、フロイトには感じられている。精神分析の「支持者」なのか、あるいは反対にフロイトに影響を与える者なのか、いずれにしてもパラノイア患者シュレーバーはフロイトにとってあまりに近い。シュレーバーが、自らの妄想を冷静に語れば語るほど、そしてそれが体系的な一貫性を獲得すればするほど、フロイトは自らのリビドー理論がシュレーバーの妄想と同様のパラノイア的構築物ではないのかという不安を抑えられなくなる。

他方でフロイトが独自性にこだわらなければならないのは、そのとき精神分析がまさに制度化されようとしているときだからである。制度としての精神分析の自律性が、ここで問題となっている。精神分析は理論として、治療実践として、さらには職業として自らを律せねばならない。それは他の誰でもないフロイトが作ったものでなければならない。第二回国際精神分析大会で承認された規約の「目標」の項には次のように記されていた。

フロイトによって設立された精神分析的科学を、純粋な心理学として、また医学と人文学への応用において、育成し促進させること。[*22]

精神分析という「科学」は、フロイトという名と分かちがたく結びついており、精神分析の知見が専らフロイトに由来することが、規約の中で明確に謳われているのである。

＊20　Santner (1996), p.35.
＊21　Freud (1912b), S.264,（一一）一一六頁。
＊22　規約の全文は「補遺A」を参照のこと。

パラノイアの嫌疑

　再びフロイトのパラノイア不安に戻れば、これには長い歴史がある。シュレーバー以前にパラノイア論を持っていたことについて、同僚たちが請け合ってくれるはずだと、フロイトはその独自性に拘泥していた。フロイトがシュレーバー論以前にたびたびパラノイアに言及しているのは事実である。しかし、そのことはフロイトの独自性を証明するものではない。フロイトのパラノイアへの言及は、むしろ、精神分析がその方法論の深いレヴェルでパラノイアと併走していることを示しているのだ。

　ここでパラノイアという名において問題になっているのは、自らの思考が、ある一つの誤った原理によって構築されている妄想体系ではないのかという不安である。さらには、細部に過剰に拘泥することによって「真理」を発見するという方法論についての不安である。前者は、精神分析の根幹を成す性的病因論に関わり、後者は、精神分析の方法論に関わる。いずれの不安も、精神分析の基礎概念と無縁ではない。

　精神分析の根幹に関わるアイディアである性的病因論について、フロイトはフリースに宛てた手紙（一八八六年三月一日）の中でパラノイアに関連づけて述べている。そこでフロイトはブロイアーとの関係が冷え切ったものとなったことを述べて、性的病因論へと傾いていった自身の態度を振り返っている。

われわれ［フロイトとブロイアー――訳者注］の個人的関係は、表面的には元に戻ったものの、私の実存に深い影を投げています。私は彼に対してまったくお手上げでしたし、その努力も放棄しました。彼に従えば、私は自分が道徳的精神異常（moral insanity）か、あるいは、科学的パラノイア（paranoia scientifica）に罹っているのかと日々自問せねばなりません。しかし、私は自分の精神はまともだと思いました。私が彼を『［ヒステリー］研究』に引きずり込んで、彼がひとつの真理の場所への、たった三人の候補者を関知していながら、あらゆる普遍化を傲慢だと忌み嫌ったところのものに関わり合わせることを、彼が私に許したとは思いません。[*23]

フロイトが疑われた「科学的パラノイア」だけでなく、「道徳的精神異常」もパラノイアの語彙に属する。「道徳的精神異常」は、英国における精神疾患分類の祖であるジェイムズ・C・プリチャードによって概念化されたものである。それは「理解力にいかなる幻想や誤った確信も痕跡として残してはいない、気分、情動、活動力の病的倒錯」である。[*24]

＊23　Masson hrsg. (1999), S. 185.
＊24　Prichard (1837), p. 20.

プリチャードによる「道徳的精神異常」は、ジャン＝エティエンヌ・エスキロールの「偏執病《モノマニア》」を先行する疾病分類として持つ。[*25] エスキロールによると、例えば知的偏執病において、「患者はある誤った原理（a false principle）をつかむ」。そして「この原理を論理的根拠づけから逸脱することなく追求し、そこから彼らは……合理的な帰結を演繹する」。そこには「部分的な精神錯乱」があるだけで、彼らは常人と同じように考え、論理的に考え、活動する。そこに構築された妄想は、いわば現実に「並行した宇宙（parallel universe）」である。この「偏執病《モノマニア》」を、プリチャードは、誤った確信をともなった「道徳的精神異常」と呼んでいる。

ブロイアーがフロイトに下した「道徳的精神異常」という診断は、「科学的パラノイア」と併せて考えると、むしろ「偏執病《モノマニア》」に近いニュアンスを持つように思われる。つまり、フロイトの理解力に異常はないとはいえ、その思考が「誤った確信」「誤った原理」のもとに組み立てられているというものである。言うまでもなく、ここでこれに当てはまるのは、性的病因論という「誤った確信」である。他でもないパラノイアに関わる語彙で、ブロイアーはフロイトへの違和を表明したのだった。他方フロイトは、既に『ヒステリー研究』の段階で、神経症において性的要因を重視する自らの立場が、ブロイアーのそれとは異なっているとはっきりと断っていた。[*26]

さて、この手紙の翌年、一八九六年の『ヒステリーの病因論のために』でフロイトは連想を用いる分析によって、性的病因論を確信して次のように述べる。「これこれの症例やこれこれの症状から出発したとき、最終的に間違いなく性的体験の領域に辿り着いた。さしあたってこれをもって、ヒステリー症状の病因論的条件は発見された」[27]。

先のブロイアーへの手紙にある「ひとつの真理」とは、性的病因論をその基礎に持つ、後に精神分析へと発展していく考えであると、「フリースへの手紙」の編纂者の一人であるミヒャエル・シュレーターは述べている[28]。精神分析は「ひとつの真理」を、つまりは心的なものにおけるセクシュアリティの決定的役割という秘密を明らかにしうるとフロイトは信じている。後に精神分析の理論的核となるセクシュアリティの位置づけに関して、ブロイアーは明らかにフロイトの主張はあまりに大胆な普遍化であると判断している。このブロイアーの反応に対して、

＊25　Trotter (2001), p. 21.

＊26　Breuer / Freud(1895), S.257=（二）三二九頁。

＊27　Freud (1896), 強調原文、S. 60. 『神経症の病因における性』（一八九八）を書き上げた後、フリースに宛てた手紙（一八九八年二月九日）で、この「向こう見ず」な論文について、ブロイアーは否定的な判断を下すだろうとフロイトは述べている。「ブロイアーは、私が私自身をいたく傷つけているというでしょう」（Masson hrsg. (1999), S. 326)。ブロイアーはむしろトラウマ的な体験を重視していた。「ヒステリーの症状を疾病の発生史を証してくれるものとして明確にしたいのなら、以下のブロイアーの重要な発見と結びつけねばならない。すなわちヒステリーの症状は、……患者のある種のトラウマ的に作用する体験によって、その記憶象徴がこの体験を心的生活の中で再生されたとき、決定される」（Freud (1896), S. 54ff）。

＊28　Schröter (1995), S. 549.

フロイトは自らが「道徳的精神異常」もしくは「科学的パラノイア」なのだろうか自問し、「否」という結論を導いたのだった。

　ここでフロイトの性的病因論を概観しておこう。フリース宛の手紙（一八九六年一月一日）に添付された「手稿K」で、フロイトは性的病因論を詳述している。そこでは「防衛神経症」という表題のもとに、ヒステリー、強迫神経症、メランコリー、そしてパラノイアの発病メカニズムが論じられている。[*29] フロイトの出発点は、発病のきっかけを作る体験である。便宜的に発病のきっかけをここでは体験Aとすると、体験Aはこれに時間的に先行する体験Bに作用する。

　事後的に体験Bの記憶が呼び覚まされ、不快が生じる（不快を「放出 entbinden」するという言い回しをフロイトは用いる）。では、体験Bが単に苦痛をともなう、傷となる体験であったかというとそうではない。フロイトによれば、体験Bは、原初的な快をともなう体験である。しかしこの快体験は、その再生（Reproduktion）において、不快を生じさせる。さらに遡行して、快体験（体験B）の前に「純粋に受動的な体験」があったに違いないとフロイトは断じる。「私が診た強迫神経症のすべての症例で、非常に幼い年齢のとき、つまり快体験の前に、決して偶然ではなく、ある純粋に受動的な体験が見いだされた」[*30]。体験Aが、快をともなった体験Bを作動させるとき、それは快ではなく不快をもまた再生する。なぜこのようなことが起こるかというと、体験Bが単に快と結びついているのではなく、それが受動的体験でもあるために、そこに不快が付け足される事態が生じるのだとフロイトは述べる。さらにフロイトの説明に従って、快をともなう体験Bとさらにその前の受動的体験が結局のところ重なるものと考えてよいなら、フロイトが「原初的体験」と呼ぶものは、快でありかつ不快でもある受動的体験である。[*31]原初的体験＝受動的体験は、快だけでなく不快をも生じさせることから抑圧される。ここで抑圧と呼ばれている過程は、原初的体験の記憶、より正確にはその表象（Vorstellung）を歪めることであり、それに似た「代理物」――「中間表象」や「妥協表象」によってつくられる――で置き換えてしまうことである。この表象を歪め置き換える抑圧の仕方が、「一次的症状」をつくる。[*32]自我の成長とともに、また思春期という性的成熟を経て、先に抑圧された表象とのあいだに葛藤が生じるのである。

フロイトは、強迫神経症やパラノイア、ヒステリーといった病態の分類が、原初的体験（体

＊29　その下には「クリスマスのメルヘン」という私信ならではの、茶化した副題が置かれている。

＊30　Masson hrsg.(1999), 強調原文, S. 172, 一六八頁。

＊31　Masson (1999), S. 173. 原初的な受動的体験は、基本的な幻想のヴァリエーションとして後年『子どもが叩かれる』などで検討されることになる。

＊32　フロイトは、抑圧する力（Verdrängungskraft）を、「恥」の情動と吐き気をメルクマールとする「道徳」とともに語っている。ここで恥の情動について述べておくと、セルジュ・ティスロンの『恥：社会関係の精神分析』は、恥の情動への社会的アプローチを追跡しており、シャーンドル・フェレンツィやイムレ・ヘルマンから、マリア・トロクとニコラ・アブラハムへと連なる、フロイトとは別の精神分析を浮かび上がらせている。鵜飼（二〇〇八）第二章も参照のこと。

験B）の抑圧のされ方に対応していることを示そうとしている。例えば強迫神経症において、抑圧された表象は、内容を欠いた罪悪感、非難として戻ってくる。それに対する防衛は、「小心さ」という「一次的症状」を作ることである。フロイトが示唆するのは、抑圧があまりにうまく行きすぎているために、回帰してくる抑圧物が自我にとって「見慣れぬ」ものであることによって、強迫神経症が発病するということである。自我は、この見慣れぬものの回帰に対してより強力に防衛する必要に迫られ、妥協を強いられることで「二次的症状」として強迫的な儀式にのめり込んでいく。あるいはヒステリーにおいては、原初的体験による緊張があまりに大きいことから、自我はそれに抵抗することができず、一次的症状を作ることができない。

そして最後に挙げられるのがパラノイアの発病メカニズムである。フロイトが、シュレーバー以前に持っていたというパラノイア論がここで展開されている。もちろんこれは私信に添えられた手稿の中で論じられたもので、当時これを目にすることができたのはフリースだけであることを付け加えねばならない。パラノイアにおいても、抑圧された表象の回帰がその病態を決定していると考えられている。パラノイアの一次的症状は、「不信」もしくは「他者に対する傷つきやすさ」である。強迫神経症がここで原型として考えられており、そこで非難として回帰するものが、パラノイアにおいては拒絶され、他者に投影される。抑圧物を他者に投影するという「妥協症状」をパラノイアは形成し、さらに自ら投影した外界が、解明されるべき対象となるという転倒が生じる。他人の身振りや声という外部から、抑圧されたものが回帰する。

それは、防衛ではなく自我そのものの変容を生じさせる。確かにこのように見ていくと、フロイトは異議申し立てをするに足るパラノイア理論をシュレーバーを論じる以前に持っていたと言える。それは抑圧の仮説の下に、疾病分類の一項目を占めている。

フロイトにおける性的病因論は、あるきっかけを経て作動を始める原初的な性的体験を問題にしている。より具体的には、原初的体験がいかに抑圧されるか、その抑圧の仕方によって疾病分類が決まってくる大きなプロセスを描いている。

またフロイトは、原初的体験の受動性を、幼児が親によって性的に誘惑される場面として現実にあった出来事とする見方（誘惑理論）をこの時点で未だ捨てていない。しかし、ここで見た性的病因論は、原初的体験を物的現実から心的現実に置き換えれば、『精神分析入門講義』（一九一七）で論じられる症状形成のメカニズムと大枠では同じである。原初的な「性的」体験は、原因としての地位を持つとはいえ、何が「性的」であるかをあらかじめ言うことができない。というのも、それは常にきっかけとなる体験から遡って、「後から nachträglich」意味を持つものとして見いだされるからである。[*33]

ただひとつの原因によって現象を説明するやり方、あるいは反対側から言えば、諸々の現象をひとつの原因へと還元する方法こそ、フロイトがフリースという「美しいパラノイア症例」

*33 Masson herg. (1999), S. 170, 一六六頁。

に見たものであった。[*34] フロイトは、フリースを「パラノイア」だと見なしている。もちろんこれは決して厳密な診断ではなく、ある種の思考様式に対する否定的な評価であり、批判する相手に浴びせかける悪罵としてある。フリースは、女性には二十八日の周期が、そして男性には二十三日の周期があると主張し、それぞれの周期に従ってあらゆる心身の症状を説明できると信じていた。また、彼の専門である鼻が性器と関係しているとする「理論」を持っていた。ある「誤った確信」もしくは「原理」の下に現象を還元してみせるという意味では、フリースの理論は偏執病的であり、パラノイアという診断が当てはまるように見える。[*35]

鼻と性器の並行説にしても、男性の月経にしても、フリースの「誤った原理」はしかし、彼が単に妄想的に構築したものではないとサンダー・ギルマンは言う。鼻腔と性器が解剖学的に相関しているという見方は、十九世紀の胎生学に由来するものである。フリースは旧説を復活させたのであり、さらに、理性的なものの源泉である頭（鼻）が非理性的なものとしての性器と生物学的なレヴェルで関係しているということ、一方の操作が他方に影響を与えうるとしたのだった。この背景には、十九世紀末ヨーロッパの人種イデオロギーがあるとギルマンは論じている。ユダヤ人（男性）の鼻と割礼されたペニスとが結びつけられ、ユダヤ人が戯画化されたのがこのときであった。性的な差異の隠れた症候が現れる場所が鼻であるというのは、当時のイデオロギー的見地から見るとむしろ当然の連想であり、むしろ、フリースはこれに対抗して彼の「理論」を形成しようとしていたとギルマンは論じている。鼻が性器と関係していることを科学に基づいて論じることは、民族的に劣ったことの表象として鼻を見る当時の偏見に対する批判を含んでいるのだ、というのがその主旨である。[*36] 男性に月経があるというフリースの主張もまた、反セム主義への対抗を含意しているという。ユダヤ人男性に月経があるという偏見はキリスト教の伝統の一部であり、それはユダヤ人が生物学的にまったく異なっていることの徴として言説化されていた。それはまた、ユダヤ人がイエスの語った「真理」を聴くことができないという器官に内在する「難聴性」と、さらに道徳的な「劣等性」は堕落した女性のイメージと結びつけられて、ユダヤ人男性を女性として表象する言説を生み出した。フリースは、これら人種的な差異として表象された徴候を普遍性の徴候へと移行させようとしたのだった。[*37]

＊34　フロイトからユンクへの手紙（一九〇八年二月一七日）McGuire / Sauerländer hrsg. (2001), S. 58,（上）一三六頁。フリースがフロイトに対する同性愛的固着を克服できなかったが故に、そのパラノイアがさらに悪化したのだとユンクに語っている。

＊35　これ以外にも、人間が本質的に二つの性を持っているとする「両性性 Bisexualität」と「左右相称性 Bilateralism」がフリースによって語られている。後者は、身体の右側に男性的なもの、左側に女性的なものを見るというものである。フロイトはこれに否定的に反応し、さらに両性性の議論にフリースとは独立に同じ見解に至ったと述べている。アイディアの所有権をめぐって、両者の関係に亀裂が入ったとスウェルズは論じている（Sweles (1989), p. 308）。先に見たシュレーバーとの関係における影響不安は、フリースとフロイトの関係にも影を落としている。

＊36　Gilman (1987), p. 112.

＊37　Ibid., p. 114.

例えば男性の月経はユダヤ人の民族的徴候ではなく、人間の普遍的徴候として生物学的に確証しうる事実であるのだ、というふうに。

フリースの理論に、このような隠されたあるいは本人にも意識されていなかったかもしれない動機があったとして、しかしそれが依然として奇妙なものであることには変わりはないだろう。彼はあるイデオロギーに対抗する別のイデオロギーを、しかも科学の衣を纏わせて作り上げていた。

ディディエ・アンジューによれば、女性だけでなく男性にも周期（二十三日）があるとするフリースの説は、性差を否認する「幻想」に基づいている。すなわち、男性を女性と「同じ」とする彼の主張は、男女の「差異」を埋めようとする試みであり、性差を生物学の語りにおいて否認もしくは留保するものである。

しかもフリースの幻想の特異性は、男性中心ではなく女性中心のそれであり（男性にも周期がある）、何より去勢を否認する言説であるとアンジューは論じている。男性中心主義的な幻想において、女性に想像上のペニス＝ファルスを付与することによって、女性の去勢が否認される。しかしフリースの場合には、女性中心的な否認であり、男性もまた女性と同じく去勢されているという方向に幻想が進んでいく。フリースに従うなら、男性はある程度まで女性的であり、かつその反対も成り立つということになり、両性性《バイ・セクシュアリティ》が人間の基本的性向であるという考えに行き着く。フリースが「発見」したと確信した、二十八と二十三という数字を用いた法則性らしきものも（フリースへの手紙でフロイトも時にこの数字を用いた着想を述べている）、この両性性の幻想に資するものである。

フロイトはフリースとの蜜月関係の中で、この男性の周期性や両性性の幻想をある時期まで共有していた。しかしフロイトは、自己分析を通じて、まず自らのフリースに対する女性的な振る舞いに気づき、後に彼が「同性愛的」と呼ぶフリースに対する愛着を意識化していったのだとアンジューは推測する。フロイトはフリースを突き離してこう述べる「しかし特別な――いくらか女性的な――側面を要求する友人とのつきあいを、誰も私で埋め合わせるわけには行きませんし、私が耳を傾けることに慣れている内なる声は、君が言ってくれたよりも私の仕事のいくらか控えめな評価を私に勧めています」[*38]。フロイトが後にフェレンツィに対して語った「同性愛の克服」とは、フロイトがフリースに対して無意識的に採っていた女性的立場の意識化である。[*39] またこの一節からも伺えるように、フロイトはフリースによる評価を正当な喜ばしいものとしてではなく、過大なものとして退けている。

他方、フリースの思考のパラノイア性は常に同性愛との関係で語られることになる。フリースに対する自らの服従が、その同性愛的雰囲気の中で明るみに出た自らの性向であることを対

＊38　Masson hrsg. (1999), Freud / Fließ, 7. Mai. 1900, S. 452.
＊39　Haynal hrsg. (1993),Freud / Ferenczi, 17. Okt. 1910, I/1, S.319, Jones (1955), II, pp. 446-7.

象化すると同時に、フリースの周期説に対する支持をフロイトは撤回する。フリースにとって、両性性が月経と周期に関わる生物学的現象であると見なされたのに対して、フロイトはそれを性差に結びついた幻想、心理的現象として解釈するようになる。[*40]

とはいえ、フロイトは依然として、パラノイアの不安を持ち続けていただろう。彼が「確信」からではなく、あくまで観察から性的病因論に辿り着いたとしても、である。フロイトが、言うところのパラノイアと近接してしまう瞬間をさらに取り上げ、パラノイアから距離を置く地点を以下で見ていこう。

「分析的素質」――細部から非一貫性へ

フロイトは精神分析を芸術に接近させることによって、精神分析が単なる科学であることから、さらにはパラノイアの圏域からも引き離す。精神分析の方法と、フロイトがパラノイアの特徴として語っていることとが通底していることをまず確認しておこう。『日常生活の精神病理学』（一九〇一）において、フロイトは以下のようにパラノイアについて述べている。

パラノイアの行動において目立つ一般に認められる特徴は、彼らが、普段われわれにはなおざりにされる小さな他人の挙動の細部に、最大の意味を与え、これを詳細に解釈し、広範囲に及ぶ結論の基盤とすることである。

……

パラノイアが他人について気付くあらゆることは、意味のあることで、すべてが解釈可能である。どうしてそういうことになるのか。おそらく彼は、彼自身において無意識に留まっていることを……他者の心的生活に投影している。パラノイアでは、正常者や神経症者で精神分析によって初めて無意識にあると証されることが、多種多様に意識に押し入ってくるのだ。[*41]

パラノイアにおいて、人が気づかない細部、取るに足らないものに「意味」が見いだされ、さらにそこから大きな「帰結」が引き出される。彼らにとってすべては解釈可能で、見いだされた細部、「その中には確かに何らかの真理が含まれている」[*42]。

しかし、取るに足らない細部に注意を傾ける態度は、まさしく精神分析家のそれではなかったか。『ミケランジェロのモーセ像』において、フロイトは細部への過剰な執着という精神分析の方法論を芸術の領域に適用している。しかしこれは単なる「適用」ではなく、精神分析にお

＊40　Anzieu(1986), p.292.
＊41　Freud (1901), S. 284,（七）三一〇–三一一頁。
＊42　Ibid., S. 285,（七）三一一頁。

ける「真理」が何より「細部の真理」であるということをも示している。

ロシアの美学者イワン・レアモリエフという偽名で著書を出していた、イタリアの医師モレッリの方法を、フロイトはミケランジェロ作のモーセ像を読み解くにあたって採用する。その方法とは、人がほとんど注意を払わない細部に着目することによって、作者が特定されていない作品に個性を見いだすというものである。全体の印象や大きな特徴をあえて度外視し、例えば人物画なら手や耳といった部分を詳細に吟味することによって真作と贋作が区別される。人目を引かない特定の細部を評価することによって「驚くべき解釈」に至るというこの方法を、『ミケランジェロのモーセ像』の筆者は精神分析に出会う前に知っていたが、それは精神分析の方法と「似通っている」と述べる。[*43] カルロ・ギンズブルクは、コナン・ドイルのシャーロック・ホームズが体現している探偵のパラダイムにモレッリ=フロイトの方法を見て取っている。フロイトは、名を伏せ匿名でこの文章を『イマーゴ』誌に発表しており、ある否定の身振りがこの論文には最初から刻まれている。さらには、フロイトはこれを書き終えたときからミケランジェロ作のモーセ像に下した自分の分析を疑ってさえいるのだ。[*44] そしてこの文章を「我が子」として認知したのは、発表から一四年後の一九二七年であった。[*45] さらにこの細部への異常なこだわりは、先に述べたように、パラノイアの方法とも避けがたく親和性を持つようにも見える。

つまり、細部の解釈を通じて大きな意味に至るというその方法が、である。

しかし、フロイトが『ミケランジェロのモーセ』で採用した方法は、単に細部への執着とその解釈に限定しえない。確かに、フロイト自身がそこでモレッリの方法を援用すると述べ、実際に彼がその解釈においてしていることは、彫像の右手の「コマ送り」的な分節化であり、髭の形態から読み取れる体全体と腕の動きの痕跡を読み取ることであって、なるほどディテールの異常な掘り下げを行ってはいる。ただ、モレッリの方法が作者の気づきにくい手癖を発見することによる作品＝作者の同一性の確定であったのに対して、フロイトによる細部への執着はそのような同一性を目標にしていない。

この作品とフロイトの関係はよく知られている。ローマ滞在の折りに、フロイトはサン・ピエトロ・イン・ヴィンコリ聖堂のモーセ像に通い続け、飽くことなくこの彫像を眺め続けた。この作品に心打たれ圧倒されたままで、その原因を知らないままでいることに、彼の理性的も

＊43　フロイトがモレッリの論文を目にしたのは一八九六年以降、おそらくはフロイトが所有していたモレッリ本にある書き込みからして一八九八年であっただろうとカルロ・ギンズブルグは推測している（Ginsburg (1988)、一八五頁）。

＊44　なぜ『ミケランジェロのモーセ像』を匿名（xxx）で発表する必要があるのかというカール・アブラハムの問いに対して、フロイトは次のように答えている（一九一四年四月六日）。「モーセ［像論］が匿名なのは、一部は冗談のためであり、また他面ではイマーゴ誌の仕事では免れるのが難しい、あからさまな素人臭さによる気恥ずかしさのためですが、最終的には、以前よりも結論に私が疑念を持っているからであり、専ら編集部の要請でそもそも公にしたのです」。H.Abraham/E. Freud(1980), S. 166-7.

＊45　Freud (1927b), S. 321-2,（一二三）三九–四〇頁。

しくは「分析的素質 analytische Anlage」が抵抗するのだと、その意図を説明している。悟性が「途方に暮れてしまうこと」あるいは「崇高」が、芸術がわれわれにもたらす最高の作用であるとする考えに、フロイトは与しない。フロイトがミケランジェロのモーセに関心を持ったきっかけは、一八九〇年代にジョルジョ・ヴァザーリによるミケランジェロの伝記を読んだことであった。[*46] しかしフロイトは、実物を見るに及んで、これを「途方もない schrecklich」という言葉で語ることに抵抗を覚えている。[*47]「途方もない」という表現は、美学における「崇高」の文脈にある。これに抵抗するのが「分析的素質」である。

フロイトがミケランジェロによるモーセ像を解釈するにあたって大きく依拠しているのは、ヘンリー・トーデである。フロイトがモーセ像の解釈史を振り返るときに挙げる名前、すなわち、ヤコブ・ブルクハルト、ヴィルヘルム・リュブケ、アントン・シュプリンガー、ヘルマン・グリム、ヒース・ウィルソン等々は、実はトーデが彼らの解釈を既にその著作で要約したものの「引き写し」である。[*48] 既にトーデが概略を述べたこれらの著者のミケランジェロの解釈は、当を得ないものとして退けられる。彼らの記述は、同じモーセ像を見たとは思えないほどまちまちであり、何より不正確であると断じられる。その中でトーデの描写だけは妥当なものとして擁護される。

しかしフロイトが、トーデに異を唱えるのは、このモーセ像がある「性格類型」を表現したものであり、つまりは象徴的表現であって、ある瞬間を捉えたものではないとする点においてである。[*49] フロイトがモーセ像の象徴主義的な解釈に不満を持つのは、それがフロイトを激しく魅了して止まないこの像の「非一貫性 Inkohärenz」を捉え損ねているからである。すなわち、この像が示す「表面的な静けさ」と「内的な激しさ」の間の非一貫性である。何がこの非一貫性という印象を作っているのか。

フロイトはこの自らが立てた問いに対して、あくまで表層に留まり、具体的に読み取れるものだけから解釈を引き出そうとする。作品に圧倒されることによる「途方もない」という悟性の宙吊り＝崇高を解釈の方針として退けたのと同様、フロイトはそれが「行動的生活」や「超自然的な高揚」を象徴的に表現したとする説を採らない。

先に触れたように、フロイトは細部に着目するモレッリを引くことで、ギンズブルグが言うところの探偵の方法を用いているように見える。しかし先取りして言えば、フロイトは写真の

＊46　Giorgio Vasari, *Leben der ausgezeichnetsten Maler, Bildhauer und Baumeister*, übersetzt von L. Schorn, Stuttgart, 1843.

＊47　Freud (1914c), S. 173,（一三）六頁。Jones(1953), I, p. 346.

＊48　H. Thode (1913), S. 194-206.

＊49　パノフスキーもまた、ミケランジェロのモーセ像が象徴的なものの表現、つまりは人間の形而上学的信念を表現した新プラトン主義的な象徴主義であると結論づけている。モーセは「行動的生活（vita activa）」を表現しており、ある瞬間を表現したものでないとされる（パノフスキー(1961=1971)、一五四、一六二頁）。

パラダイムに近づきつつこの像を解析している。

以下、フロイトがモーセ像をどのように解釈しているのかを概観してみよう。『ミケランジェロのモーセ』の第二章と第三章が、作品に圧縮された痕跡の解凍作業に丸々充てられている。

モーセの垂れ下がった髭が不自然に形作っている「花冠」は、シナイ山から降りた彼が目の当たりにした光景に対する反応を定着させており、とりわけ右手の動いた痕跡を残している。右手の人差し指が一本で髭を押さえている奇妙な身振りは、どのような動きの名残であるのか。さらには、石板が右腕と胴の間に不自然に挟まれて、逆立ちして座部に一点で接しているのはなぜなのか。フロイトは、右手と石板の一瞬前の状態を「デッサン」によって再現する（これが「デッサン」と呼びうるものであるのか後で検討する）。それまでの多くの解釈が、旧約聖書の記述に従って、モーセ像は黄金の牛を崇めるアーロンとイスラエルの民を見てまさに怒りに身を任せて立ち上がり、石板を叩き割ろうとしていると解釈してきた。それに対しフロイトは、他ならぬこのモーセの単独の動きを跡づける。フロイトが諸々の細部に拘泥するとき、それらの解釈が見いだす「意味」は、聖書の書き換えをさえ厭わないものである。いやむしろこう言い直した方がよいかもしれない。細部から導かれる解釈は決して「全体」に到達せず、「意味」を与えることがないのだ。

さて、動きを逆戻しにすると、左方向の偶像崇拝の光景に驚愕して、石板が落ちかける瞬間が再現される。髭を掴んでいた右手は、石板の落下を回避するために左から右に引き寄せられ、奇妙に絡まり合ったあの髭の花冠（渦）が形成される。このモーセは憤激の爆発をすんでのところで堪え、石板を叩き割ることを回避する。その身体には怒りが押し留められているとフロイトは解釈する。ミケランジェロのモーセは、伝承上のモーセを凌駕した「まったく別のモーセ」である（「……われわれのモーセは飛び上がらないし、石板を自ら砕くこともない」）。こうして、『出エジプト記』の記述とは別の「非実在」のモーセが、これまでの解釈者たちが注意を向けなかった細部から導き出される。

　フロイトは、「非実在」のモーセを自ら最晩年の著作『モーセという男と一神教』において描き出すことになる。フロイトがそこで言及することはないにしても、ミケランジェロのモーセがそこでの一つの範例になっていることは次のことからも明らかである。ミケランジェロのモーセ像の、叩き割られなかった二枚の石板について、フロイトはそれが「角でバランスを取っている」奇妙な状態であると描写している。他方フロイトは、『モーセという男と一神教』という自作を説明するとき、それが「爪先でバランスを取る踊り子」のように危うく脆いものであると同じ言い回しを用いて解説していたのだった。[*50]『モーセという男と一神教』においては、再構成という精神分析的手法によって、「エジプト人モーセ」が描き出される。その内容のみならず、ユダヤ人への弾圧が強まる中でフロイト自身の身に生じた亡命という出来事が、テクスト

＊50　Freud (1914c), S. 190,（一三）二六頁, Freud (1938), S.160,（二二）二六頁。

そのものを不安定で歪《いびつ》な、今にも崩れ落ちそうなものにしている。いわばフロイトは、彫像の傍らにある律法の石板《テクスト》と、自らの「歴史小説」を同一視している。[*51]

ミケランジェロ――あくまでフロイトが解釈するミケランジェロだが――ならびにフロイトの両者が描く非実在のモーセは、伝承上の、そうであると信じられているモーセに対して異議を唱える。ミケランジェロのモーセ像を特徴づける石板の不自然な位置は、モーセの制御された「激情 **Leidenschaft**」をまさに痕跡として示すものに他ならない。[*52] この辛うじて落下を免れた不安定な石板はまた、髭や右手とともに「奇妙で不自然に見える総体」を形成している。[*53] フロイトが着目する細部は、この箇所にせよ、あるいは髭の花冠にせよ、さらにはモーセ像の左足の角度にせよ、「暴力を止揚した」非実在のたった一人のモーセの描出に役立てられる。

赤間啓之は、フロイトの彫刻への愛着は「自然解凍を可能性として残しておく圧縮への欲望」であると述べ、他方でフロイトが抑圧しているのは、「瞬間ごとのあるがままの体勢が示す無限の多様性」であると指摘している。[*54] まさしく、フロイトにとって「無限の多様性」は関心の埒外にある。この章の前半で既に見たように、彼にとっては「ひとつの真理」こそが問題である。

さて、モレッリの方法が同一性を狙っているのとは対照的に、フロイトは現実との亀裂を作品に探し求めている。細部から紡ぎ出された自らの解釈が奇妙で体裁を欠いており、「不確実さという負債」を含んでいることにフロイトは意識的である。この解釈の産物を、しかし、フロイトは「真理」と呼んで憚らない（その一方でフロイトはルター訳の聖書を引いて、モーセに関する記述が首尾一貫せず、信用に値しないと述べている）。もちろん、ここにフロイト個人の価値判断が忍び込んでいないとは言い切れない。ミケランジェロのモーセは、伝承上のモーセを「凌駕」していると言われるが、それはこのモーセが自らの情熱を制御することを知っているからである。そのことによって、モーセの身体は「高度な心的能力」を表現するものとなっていると評価される。フロイトにとっては明らかに、感覚に左右され情動に支配されて行動する者より、抽象的に思考し欲動の直接的な充足を断念する者こそ精神的に高い（この点については次章で論じる）。このように見ると、フロイトによるモーセ像の解釈は彼自身の趣向を投影したかに見えるが、フロイトが採用した、コマ送り的に痕跡を跡づけるその即物的な方法による解釈は、彼の好みを差し引いても大きく損なわれることはない。彫像に圧縮された動きの解凍過程は、表層のみを追尾し、決して「深い」解釈に至ることがない。ミケランジェロ像の解釈に際して、フロイトが決して作者の生い立ちや家族史、あるいはセクシュアリティの問題を語ることはないのだ（それは、レオナルド・ダ・ヴィンチを解釈の俎上に載せたときとは対照的

＊51　ただしフロイトは自らのテクストをあくまで女性の「踊り子」として認識している。モーセという「偉大な男」を分析したテクストのジェンダーが女性であること、そしてこのテクストの中に女性性が複数見いだせることをサミュエル・ウェーバーは指摘している（Weber (2005), p.67）。
＊52　Freud (1914c)., S. 194,（一三）三〇頁。
＊53　Ibid., S.192,（一三）二七頁。
＊54　赤間（二〇〇三）、二二七頁。

である）。

写真のパラダイム？

メアリー・バーグステインによれば、フロイトが影像の解析に用いた四枚の「デッサン」の三枚目は、実は「デッサン」ではなく、フラテッリ・アリナリのモーセ像の写真の「トレース」である。*55 フロイトは、写真のトレースを含む影像の描画の作成を、この論文に欠かせない部分であると考えていた。フェレンツィに宛てた手紙では、それがなければもはやこの論文を発表しないとまで述べている。「私の逡巡は克服されませんし、描き手が出版を実際に支援してくれず、いわば初めに私を納得させられないなら、私はおそらく出版を控えるでしょう」。*56 ロベール・ベルネイ、ヴォルフ夫人、マックス・ポラックという名が、モーセ像論の挿絵作成の候補者として挙げられている。何より重要なのは、繰り返すが、挿絵もしくはデッサンと思われたその中の一枚が、写真のトレースであるということである。

バーグステインは、以上のことに触れながら、フロイトのモーセ像の解釈が「写真のパラダイム」にあることを説得的に論じている。フロイトがこのテーマを論じるに当たって多くの写真を用いていることに彼女は注意を促している。フロイトはもちろん影像を自分の目で見てはいたものの、いざ解釈する段になると写真を用いているのである。

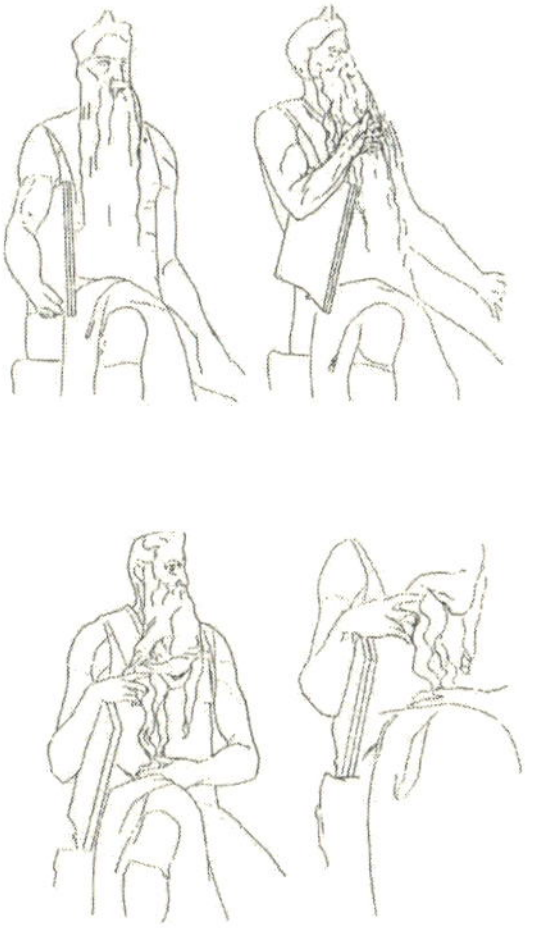

4枚のデッサン

フラテッリ・アリナリ所蔵のモーセ像の写真

バーグステインによれば、写真と、芸術、精神医学は、フロイトの時代の一つの「文化体系」を成していた。ディディ＝ユベルマンが示したように、フロイトの師であるシャルコーはサルペトリエールにおけるそのヒステリーの診断ならびに分類のために膨大な量の写真を用いていた。あたかもサルペトリエールは巨大な「光学器械」であり、シャルコーは「写真家」であった。[*57]あるいはE・J・マレーによる動物や人間の高速写真は、身体の動作に体現された時間表象を扱うことを可能にしているが、フロイトがモーセ像の写真のトレースを用いつつ、その直前の動きを再現させた点は、これに対応している。われわれが先に見た、モレッリの医学＝探偵的な眼差しとは、何より写真を用いて初めて可能になった方法であった。写真は当時、医学が用い始めた科学的な方法であり、印象に依らずに「客観的」に解釈する方法としてフロイトはこれを用いたのだバーグステインは論じる。より心理的な水準で、写真的方法は、フロイトが「モーセ」像についての個人的感情やローマという環境においてそれが彼にとって意味するすべてから「中立的」もしくは科学的距離を保つことに役だっただろう。[*58] 写真という方法は「中立的」である以上に、フロイトにとって、それは「遮蔽幕《スクリーン》」であった。フロイトはイタリア滞在中、モーセ像を見るために大聖堂に通うたび、この像から「蔑み怒ったような眼差し」で射貫かれていると感じていた。彼は自分があたかも黄金の仔牛を崇める「ならず者たち」であるかのように、この像からの眼差しを怖れていたのである。[*59] この意味で、写真（とそのトレース）によってこの像を研究することは、実物のモーセ像からの眼差しに圧倒されずに済むという実利がフロイトにはあるのだ。ベンヤミン的に言って、少なくとも、写真の使用は脱アウラ化という効果をフロイトにもたらしただろう。すなわち、彫像の一回性と持続性が生じさせるアウラに対する、写真の反復可能性と一時性による脱アウラ化である。[*60]

しかし、フロイトにおける写真の使用は、バーグステインが述べている一九世紀末から二〇世紀初頭にかけての写真のパラダイムに収まるだろうか。写真という媒体が、ひとまず脱アウラ化であったとして、それは即、中立的あるいは科学的距離をフロイトにとって意味しただろうか。[*61] 先に言及したように、フロイトは写真からそのトレースを起こし、さらに、彫像が取っていたであろうその直前の状態を描かせている（一枚はそのクローズアップ）。彫像（実物）↓写真（複製）↓トレース（複製の複製）と辿って来て、ここから先、フロイトはあくまで精神分析的な因果性に執着する。すなわち、科学的な実在性、写真が裏づけてくれるはずの客観性ではなく、フロイトはあくまでミケランジェロがこのモーセ像を造った「意図」を探ろうとする（当該論文の冒頭で、フロイトは作者の意図を明らかにしたいと述べていた）。もはや歴史

＊55　フラテッリ・アリナリは、フィレンツェにある最も古い写真会社（一八五二年設立）であり、そのアルシーヴにある写真をフロイトは用いた。Fratelli Alinari (no. 6205), Bergstein (2010), p. 83.

＊56　一九一四年二月一一日付の手紙。(Haynal hrsg. (1993), I/2, S.283).

＊57　ディディ＝ユベルマン（一九九六）。

＊58　Bergstein (2010), p. 63.

＊59　Freud (1914c), S. 135,（一三）八頁。

＊60　この点において、フロイトのモーセへの同一化は括弧に入れることができる。たとえフロイトが自らのモーセへの同一化を述べていたとしても、である。「気分としては、私は自分が解釈したミケランジェロのモーセよりも、歴史上のモーセになぞらえたいのです」（一九一二年一〇月一七日付フェレンツィへの手紙、Haynal hrsg.(1993), I/2, S.132)。写真の使用は、アウラ＝欲動のループを一時的にではあれ遮断する装置としてある。

＊61　少なくともフロイトが直接知っていた師シャルコーのサルペトリエールに関する限り、写真はまったき科学性よりも「演出」の側面を持っていた。すなわち、一方でシャルコーにとって、写真は実験の道具であり、科学的記録保管であり、教育のための伝達の道具であった。しかし他方で、入院患者たちは病態のありのままの「明証性」を表現するよう様々な作為と演出のもと、カメラの前に立たされポーズを取らされていた（ディディ＝ユベルマン(1982=1990))。

（物語）上のモーセとの背反も意に介さず、フロイトはこのモーセ像の「真理」を追究する。彫像が定着させられた直前の瞬間に遡って、その因果系列を再構成すること。こうして先に確認したように、このモーセは怒りをこらえて、十戒の石版を割らないと結論づけられる。これは写真が明らかにする「視覚の無意識」（ベンヤミン）ではない。[*62]というのもこれは「非実在」のモーセであり、伝承上のモーセよりも倫理的に高い「別のモーセ」であるからだ。この別のモーセは、あたかもパラノイアが妄想的に語る「並行宇宙」と限りなく近づくが、それとは最終的に距たりを、絶対的な距離を持つ。単純に言って、この「別のモーセ」が現実の認識を歪めることはなく、また石版を割らなかったことが歴史認識を変えるわけではないからだ。このどこまでも「部分」にとどまる真理を追究すること、それは、細部への拘泥――これはパラノイアと重なる――から、わずかに触知される「非一貫性」を追跡するという方法である。この非一貫性は、モーセ像においては、憤激の中にある静けさに求められる。パラノイアの妄想がいかに奇妙であろうとも、それが現実と折り合いを付ける「合理化」の試みであるとすれば、精神分析は現実との背理を知りつつ、ほとんどフィクションと見紛う「部分としての真理」を目指す。それはどこにも回収されない事態を描き出す。フロイトは、同様の試みを最晩年にいたって再びモーセを題材に行うことになる。

＊62　W. Benjamin（1931=1998）。

第五章　「歴史小説」における真理

『モーセという男と一神教』は、フロイトによる一神教の歴史の「再構成」である（以下『モーセ』と略記する）。その再構成によると、モーセはエジプト人であり、一神教をエジプトのファラオ、イクナトンから学び、後にユダヤ人によって殺害された。このエジプト人モーセこそ、ユダヤ人をそうたらしめる特性を作り出した人物だとフロイトは主張する。フロイト自身、これが刊行されれば人々の感情を害するものとなるだろうと予感している。なぜユダヤ人への迫害が強まりつつあるときに、非ユダヤ人としての人間モーセ、さらにユダヤ人によるモーセ殺害が、他ならぬユダヤ人によって書かれねばならないのか。

『モーセ』ほど、読む者によって捉え方の異なる著作もないだろう。『モーセ』に対する反応の、早い時期に属するものに、トルーデ・ヴァイス＝ロズマリンの『ヘブライ人モーセ』（一九三九）がある。「ユダヤ人の自己憎悪」（オットー・ヴァイニンガー）というのが、シオニズム運動に熱心に加担し、女性解放運動にも積極的であったこの筆者がフロイトに下した診断である。彼女は言う。フロイトは自らのユダヤ性を否定したいがゆえに、誇るべきユダヤの一神教の起源も割礼の風習も、エジプトに譲り渡してしまった。エルンスト・ゼリンやエードゥアルト・マイヤーといった「大胆な批評家たち」の、「オリジナル性を欠いた」「忠実な教え子」たるフロイトは、ユダヤ人の自己嫌悪に無自覚なまま「科学的」批評に没頭して、反セム主義に加担している、と。[*1] この著作に対しては、ヴァイス＝ロズマリンに限らず、数多の批判が投げられてきた。

『モーセ』で述べられていることは、まったく「本当らしさ Wahrscheinlichkeit」に欠けており、「ありそうもない unwahrscheinlich」。このように述べているのは、実は他ならぬフロイト自身である。にもかかわらず、これは「真理 Wahrheit」なのだ、とフロイトは呟き続ける。私はモーセに憑かれている、とフロイトは漏らす。フロイトが欲しているのは真理である。「歴史的真理」への意志がフロイトを動かしている。しかも、この真理への情熱が紡ぐ再構成は、ほとんど妄想と変わることがないこともフロイトは知っているのだ。フロイトはモーセに憑かれている。モーセに関するこの仕事は、「救済されない亡霊」のように彼を苦しめる。[*2] ちょうどモーセ論の企図が始動した一九三四年、アーノルト・ツヴァイクに宛てた書簡の中でも、フロイトはいかにモーセが自分に憑きまとっているかを記している。「モーセのことは放っておいてください。何かを生み出す、おそらく最後のこの試みが失敗したことは、私を大層落胆させました［危険を冒さずに『モーセ』をウィーンで出版することは、ほとんど不可能であろうという前便の内容——引用者」。私がこの件から解放されるということはないのです。この男［モーセ］は、そしてこの男から私が為そうと欲していることは、休むことなく私に憑きまとっています[*3]」。

この取り憑かれは、フロイトがこれを執筆していたときに置かれていた状況やフロイト個人の心理によって説明がつくだろうか。この文章が書かれた背景はよく知られている。フロイトの最晩年——癌との闘いは既に一五年になろうとしていた——に位置し、ナチスの手を逃れて、ウィーンからロンドンへの亡命という危機的状況を跨いで、それは書き継がれた。その故郷を追われ、根こそぎにされる体験は、フロイト自身が前書きで述べているように、テキストにこその歪みを消しがたい痕跡として残している。

あるいは、アイデンティティへの問いこそ、モーセに憑かれたフロイトのこのテキストを読解する鍵を提供するのだろうか。彼自身が属しているところのユダヤ人とは何者なのか。確かにこの問いは、フロイトを捕らえて放さなかったものである。フロイトは自らのユダヤ性をどう考えていたのか、ユダヤ教とどう距離を取っていたのか。あのテキストの特異なプロットを

＊1 T. Weiss-Rosmarin (1939).
＊2 Freud (1939), S. 210,（二二）一三〇頁。
＊3 フロイトからアーノルト・ツヴァイクへの手紙（一九三四年一一月一六日付）。E. Freud hrsg. (1968), p. 108.

説明するのは、フロイトの個人史であるという見方は自然であるように見える。

しかし、人が『モーセ』の核心をフロイトの個人史に求めるとき、以下の前提が疑われることがない。すなわち、『モーセ』は、他のフロイトの著作とはまったく異なっている。それは、「大胆な」宗教論であり、精神分析の理論にも治療にも、運動にも関係しない。それは、せいぜい精神分析の「応用」であり、フロイト個人の思弁と呼ぶべきものである。そこで提起される諸概念が、精神分析に関わるものとして真面目に受け取られることはない。それらは精神分析の（レギュラーな）用語として登記されることはないのだ。なぜならそれは一般性を持たないからである。たとえ、一神教という普遍宗教をそれが扱っているとしても、それはある特殊な、一回限りの歴史の再構成である。この意味でこの本はイレギュラーであり、フロイトの著作全体においても適切な場所を持たないと多くの者に考えられてきた。

「歴史小説」

その反響も含めて、近年の『モーセ』読解の画期を成したのは、ヨセフ・ハイーム・イェルシャルミの『フロイトのモーセ』（一九九一）であろう。『モーセ』という書物は、フロイトがユダヤ教に回帰したことを示すものだと彼は見立てる。「文学理論」に関心を持たないと述べるイェルシャルミは、あらゆる伝記的資料を駆使して、「単なる心理学的自伝」として『モーセ』

を読むと宣言する。というのも、フロイト自らがこの企図を「歴史小説」と呼んでいたからである。それは例えば、アーノルト・ツヴァイク宛の書簡（一九三四年九月三〇日付）に見いだされる。

私の仕事の出発点は、あなたにはお馴染みのものです。……新たな迫害に直面して、次のように再び自問しているのです。いかにユダヤ人はそれであるところのものになったのか、なぜユダヤ人は止むことのない憎悪を招くのか、と。ほどなく私は、モーセがユダヤ人を生み出したという定式を見いだし、この仕事に『モーセという男、ある歴史小説』というタイトルを付けました。[*4]

イェルシャルミは、この箇所に依拠して、『モーセ』をフロイトの自伝的表現として読む自らのアプローチを正当化する。「歴史小説」は、フィクションであるからには、歴史的事実を歴史家のように科学的手続きに則って扱っていない。少なくとも歴史家イェルシャルミは、これを歴史的事実として受け容れることはできない。さらに、他ならぬフロイトに従うなら、小説は「家族小説《ファミリー・ロマンス》」でもあって、自伝的なもの（エディプス的葛藤）に還元されうる、とイェルシャ

*4　E. Freud, ibid., S. 102.

ルミは結論づける。

もしそれが「小説」であるなら、その作品を個人のフィクションとして解釈しようではないか。「歴史小説」が、ドイツにおいてうまい具合に「家族小説」と結びついているらしいのなら、なおさらである。こうしてフロイトの歴史小説における典拠のある真性の歴史は、自伝的なものであり、明示された歴史的内容は、フィクション的法典であることが判明するであろう。[*5]

すなわち、エジプト人モーセや、モーセの殺害といったフロイトの記述は小説＝フィクションでしかない。だから歴史家であるイェルシャルミは、それらをまともに取り合うことはしない。「他の人たちが事細かに曝露し、あなた自身が心配していた歴史的側面の弱さを、私はくどくど言うつもりはありません」[*6]。他方、それは「歴史小説」すなわち「家族小説」という資格においてのみ読解に値する。そこには、宗教をめぐる精神分析の父（ジクムント）と祖父（ヤコブ）のエディプス的葛藤が隠されているからだ。さらに、フロイトのユダヤ人としてのアイデンティティがいかなるものであったかをそこから読みとることもできる。イェルシャルミとその評価の仕方においてまったく反対であるが、マルト・ロベールもまた、『モーセ』をフロイトの「心理的真実」を描く歴史フィクション＝「家族小説」として読んでいる。ユダヤ的なものを体現する父親との絆を断つために、フロイトは彼が同一化しているモーセを非ユダヤ人とし、父ヤコブとのエディプス的葛藤をこの作品で解決したのである。*7 あるいは、イルゼ・グルブリッヒ＝ジミティスによれば、『モーセ』はフロイトの「白日夢」であり、これまた自伝的なものとして読まねばならないとしている。フロイトはモーセに同一化しており、そのテキストから「潜在的な自己分析的・自伝的含意を読みとることができる」*8。またピーター・ゲイによれば、『モーセ』のタイトルは、「ある錯覚の過去」とすべきであった。すなわち、それはむしろ出版されなかった方がよかったフロイトの個人的「錯覚」を記したテキストであること。この歴史小

＊5　Yerushalmi (1991), p. 16. フロイトが『モーセ』の中で「家族小説」に言及するのは、モーセの出自を論じる箇所である。家族小説的空想において、現実の両親に幻滅あるいは敵意を抱く子どもが、自らを棄児として、しかも高貴な家の出であると思い描く。しかし、「モーセの場合はまったくこれとは異なる」(Freud (1939), S. 110)。聖書によれば、モーセをナイルから拾い上げるのはエジプトの王女であり、彼の出自は奴隷の身分に置かれたヘブライ人である。

＊6　Yerushalmi, ibid., p. 82.

＊7　M. Robert (1974=1977).

＊8　Grubrich-Simitis (1994), S. 89. 彼女がモーセをフロイトの自伝と読むことの根拠は、フロイトがモーセに同一化していると読むからである。例えば、精神分析運動が始動した頃、フロイトがユンクに送った次の手紙の一節がそれである。「かくしてわれわれは疑いなく前進しており、私がモーセであるならあなたはヨシュアであり、私が遠くから目にすることしか許されていない精神医学の約束の地を、手にするのです」(一九〇九年一月一七日付)。

説は、自伝的なものとして読むしかないのだろうか。イェルシャルミ論文をさらに見ていこう。

諸々の自伝的事実の中でも、父ヤコブが息子の三五歳（一八九一年）の誕生日にフィリップゾーン聖書を贈ったというエピソードを、イェルシャルミは重視する。それは、かつてフロイトが七歳の時に父から与えられたが、長らく置き捨てていたものに表紙を新たに張り替えて、父親自筆のヘブライ語のメッセージとともに再度贈られたものである。イェルシャルミによれば、聖書研究に帰れ、という父ヤコブの命令にフロイトは「事後服従」した。[*9] その証拠をイェルシャルミは次々挙げていく。フロイトがいかにヘブライ語をよく理解したか、聖書による教育がいかにフロイトの思考の深部にまで影響しているか。[*10]

イェルシャルミの読みは、単に『モーセ』を自伝的なものに還元するだけではない。彼が決して認めることができないのは、「亡霊的なもの」（デリダ）の取り憑きである。すなわち、ユダヤ人によって殺害されたモーセ、その亡霊の執り憑きが、ユダヤ人をユダヤ人たらしめている性格を作ったという『モーセ』の根底にある主張である。イェルシャルミは、実証的な方法論に基づいた最初の四章とは打って変わって、最終章で「フロイトとのモノローグ Monologue with Freud」という舞台を設定してフロイトの亡霊を召還し、自身の主張が正しいことを駄目押しする。私はあなた（フロイト）という「救済されない亡霊」に取り憑かれているのですと、イェルシャルミは、モーセに憑かれたフロイトの口吻を真似て見せさえする。[*11] しかし、もちろん彼は決してフロイト（＝亡霊）に執り憑かれているわけではなく、フロイトの身振りを真似ているのだ。そのパフォーマティヴな効果は、亡霊を完全に自らの支配下に置いてみせることにある。（フロイトに従いつつ背く、精神分析の用語を使いながらそれを退けるという二重の挙措こそ、この本でのイェルシャルミの一貫した戦略である。[*12]そこでイェルシャルミは、フロイトにその主張の誤りを認めさせ（「私はあなたを責めているのではありません」）、精神分析がユダヤ的学問であることの証人としてフロイトを召還する。亡霊フロイトの沈黙は、イェルシャルミの問いかけに対する肯定として自動的に了解される。亡霊に話す権利が与えられることは決してない。この亡霊の締め出し、亡霊には存在する場所がないということをパフォーマティヴに示すことこそ、イェルシャルミの最大のねらいである。

イェルシャルミにとって、歴史資料《アルシーヴ》には忘却による欠落はあっても、それは、フロイトが考えるような抑圧によるものではない。「仮にモーセがわれわれの祖先によって実際に殺害された

＊9　Yerushalmi, ibid., p. 77.

＊10　『みずからを語る』（一九二五）に『モーセ』の第一稿の後の一九三五年に付け足された文章。「後に気づいたのだが、幼少の頃に聖書に描かれた物語に没頭したことが、私の読み方の技巧を学んだわけではないにもかかわらず、私の興味関心の方向をずっと決めていたのだった」（GW NB,S.763）。父ヤコブが死んだ喪の作業の中で書かれた『夢解釈』には、フロイトが幼少期に見たフィリップゾーン聖書に題材を取った夢が記されている。Freud (1900), S. 589,（五）三八三頁。

＊11　Yerushalmi, ibid., p. 82.

＊12　Derrida (1995=1997), p. 94.

のなら、この殺害は抑圧されないだけではなく、（その反対に）生き生きとした細部とともに、イスラエルの民の不服従という罪の真髄たる究極的な教訓話として記憶され記録されたであろう」[*13]。旧約聖書の他の場所では、モーセに対するイスラエルの民の反抗的態度が記述されているのだから、モーセ殺害だけが抑圧され、遺漏することはありえない。よって、フロイトが主張するモーセ殺害、その罪悪感の回帰、モーセの取り憑きは、到底受け入れられない仮説である。すなわち、フロイトのいう「歴史的真理」など存在しない、と。

しかしデリダが述べているように、フロイトは、「古典的形而上学者」として、あるいは「実証的啓蒙主義者」として亡霊的なものに抵抗しながらも、それに場所を与えようとしている。精神分析は、歴史学の対象の地位と歴史資料《アルシーヴ》の構造、「歴史的真理」の概念を変えようとしている[*14]。すなわち、フロイトの関心事は、記憶と歴史資料《アルシーヴ》の欠落、空白から、症状、予兆、隠喩、換喩を分析することである。モーセの殺害は、実際ユダヤ人の記憶に症状を残している、とフロイトは考える。フロイトの「歴史小説」は、通常の歴史家が扱うことのない対象、「歴史的真理」を捉えようとしている。すなわち「歴史的真理」への意志は、分析家の欲望に他ならない。

以下の草稿を見れば、フロイトの「歴史小説」という企図を、自伝的事実に流し込む読みが相当疑わしいことがわかる。一九三四年八月九日の草稿で、フロイトは「歴史小説」という言葉で何を意図し、また同時に、何を意図していないかを細心の注意を払いつつ書き留めている。

「モーセという男、歴史小説」

（一）馬とロバの掛け合わせが、ラバ（Maulthier）とケッテイ（Maulesel）という二つの異なる雑種の起源であるように、歴史記述と自由な着想の混合が、さまざまな作品を生む。これらは、「歴史小説」という名の下に、歴史とも小説とも評価されることを望むものである。それは歴史的に知られた人物や出来事を扱うが、その狙いは、扱うものの特性を忠実に差し出すことにあるのではない。たしかに歴史小説は、その関心事を歴史から借りてはいるが、しかし、その目論見は小説のそれなのである。このような小説は印象深い物語を描写し、感情に働きかける。他方の文学的創作はまったく反対の振る舞いをする。それは、ある歴史的期間の特異な性格をそのような補助手段を用いて的確に記述できることを欲するのなら、人物や出来事を案出する［捏造する］ことをためらわない。この種の小説が求めて止まないのは、自ら虚構と認めているにもかかわらず、何より、歴史的真理（geschichtliche Wahrheit）である。こちらの方は、いくらか、もしくは十分に、芸術創作の要求を歴史的忠実さの要求と和解させることにも成功している。どれだけの創作（Dichtung）が、歴史記述家の意図に逆らって、

＊13　Yerushalmi, ibid., p. 85.
＊14　Derrida, ibid., p.87.

その叙述にまだ忍び込んでいるかは、ちょっとばかりのヒントを要する!

ただ単に歴史を素材に「印象深い物語」を作ろうとする「歴史小説」がある一方で、「歴史的真理」を求めて積極的に人物や出来事を「案出する」ことを厭わない「歴史小説」がある。こちらは、創作性と歴史的忠実さをうまく和解させてもいる。しかし、フロイトが書こうとする「歴史小説」は、このいずれでもない。

ただ、歴史研究者でも芸術家でもない私が、私の仕事の一つを「歴史小説」として紹介するとき、この名前はまた別の方向付けを容認するものでなければならない。私は、特定の現象領域を注意深く観察するよう教育を受けており、そんな私にとっては、「作り話」と「でっちあげ」は、即座に誤謬という欠陥を意味する。(二)私の次の目論見は、モーセという人物の知識を得ることであり、このような方法で、後にようやくそれを明らかにすることができる、今日なおアクチュアルな問題を解決するために、遠く隔たった目標に貢献することである。人物研究は、根拠づけに信頼できる資料を必要とするが、しかし、律法にあるモーセという男に関する何ものも、信頼できると呼べる代物ではない。それは、唯一の原典に由来する伝承であり、別の側面からは確証されず、おそらくはだいぶ後に文書化され、矛盾に満ちており、間違いなく何度も改訂され、新たな意図によって歪曲され、民族の宗教的かつ国民的神話に密接に織り合わされている。この試論は、見込みのないものだとして中断してもよいだろうが、［モーセの］姿の偉大さが、それに相応する重要性をこの試論の特異性に与えはしないし、さらなる努力を要請するだろう。したがって、資料の中に与えられた個々の可能性を手がかりとして扱い、ある断片と別の断片のあいだの隙間を、いわば、最小抵抗［の道を行くという］原理にしたがって埋めていくこと、つまりは、大きな蓋然性をそれに与えてもよい仮定を重視することをやっていくのである。この手法の助けで手に入れられるものを、ある種の「歴史小説」と理解してもよいが、それは、まったく現実の価値を持たないか、漠としたものである。というのも、さもありそうなことは真理とは一致せず、真理はしばしばまったくありそうもないからであり、実際の証明手段は小さな範囲においても演繹と考量によって置き換えることができるのだ。[*15]

フロイトのあらゆる意図を無視して、そのテキストを自伝的なものの反映（「家族小説」）と読むことは不可能ではないだろう。しかし、少なくともこの草稿を字義通りに理解しようと努めるなら、フロイトの「歴史小説」が、フィクションを通じての自己語りでも、単なる歴史記

＊15　未刊行書簡。ここではイェルシャルミが採録したものを参照した（Yerushalmi, ibid., pp. 102-3）。この手書き草稿は、イェルシャルミもグルブリッヒ・ジミティスも参照しているが、先に確認したように両者ともに自伝的なものとして読んでいる。

述とフィクションの折衷でもないということは明らかである。通常「歴史小説」と呼ばれるものが、歴史的事実に若干目をつぶってでも、その虚構的創作を通じて「歴史的真理」（この概念については後述する）に到達しようと欲するのに対して、フロイトが書こうとしている「歴史小説」では、そのような「作り話」は許されない。フロイトは扱う資料に含まれる隙間や矛盾、それを取り繕おうとした痕跡を辿りながら、ある種の「真理」を構成しようと試みる。このような意識のもとに書かれたものをまだ「歴史小説」と呼ぶことが可能であったとしても、それは「まったく現実の価値を持たない」。歴史家による歴史記述とも、さらには歴史小説とも異なった方法で「歴史的真理」にアプローチすること、それがフロイトの目論見だった。引用したこのメモでは、実証的記述と創作とが対立的に捉えられ、かつフロイトは「真理」を掴まえるために、実証の側にあくまで足場を置きながらフィクションの助けを借りようとしているように見える。しかし、おそらくここで問題になっているのは、この両者の適度な混合や折衷ではない。

アリストテレスが『詩学』において、可能なこと／不可能なこと、本当らしさ／本当らしくなさの組み合わせで論じていたことが、フロイトには悲劇を書くという意図がないにもかかわらず、その「歴史小説」を理解する上で大きな示唆を与える。フロイトは、真理は時に本当らしくない、あるいは本当らしさに反して起こったことこそが真理であるという点にこだわっている。アリストテレスによれば、不合理なことは常に不合理というわけではない。「なぜなら、起こりそうもないのに起こるということも、起こりそうなことであるから」[*16]。アリストテレスは、詩作において人は、「信じがたいが可能であること」よりも「信用するに足る不可能なこと」をこそ選ぶべきだという。[*17]（ここで予め排除されているのは、「本当らしい可能なこと」と「本当らしくない不可能なこと」という二つの組み合わせである）。あくまで不可能なことを、しかも本当らしく思われる不可能性を描くことが悲劇において求められるとアリストテレスは述べる。もっとも、「甚だしく本当らしくないものこそ真理だ」という単純な逆説によってフロイトが『モーセ』を構想しているわけではないことは言うまでもないだろう。むしろフロイトは、そうでありそうなのに不可能な何事かを追求している。後に見るように、精神分析的な歴史の再構成とは、フロイトにとって、個々の事柄の連関の最も「自然な」繋がりを作ることである。つまり、彼はあくまで「本当らしさ」、蓋然性の高いものを選択する。しかし、その再構成の結果として現れるのは、現在の視点から見るなら「不可能な（ありえない）」ものである。アリストテレスが悲劇においては「ありそうな不可能」を選ぶべきだと述べるのは、それは「恐怖と憐憫」を「昇華」するという悲劇の最も重要な効果を狙ってのことであった。ではフロイトはどうなのか。モーセ＝エジプト人という「不可能」なフロイトの構成がもたらしたものが何であ

＊16　アリストテレス『詩学』1461b、一〇四頁。
＊17　同、一〇三―四頁。

るのか、以下で見ていこう。

「歴史的真理」の構成

フロイトは、『モーセ』に結実する作業（一九三四―三九）の傍ら、『分析における構成』（一九三七）を書いている。それは通常、分析的治療における技法に関わると考えられているテキストである。しかし注意すべきは、ここで既に、「歴史的真理」という概念が提出されているということである。「歴史的真理」とは、分析家がその構成という仕事によって触れようと目論んでいるものである。あらかじめ述べれば、『モーセ』は、「歴史的真理」に至ろうとする分析家の構成の仕事に他ならない。

分析家の仕事としての「構成 Konstruktion」とは、どのようなものなのか。それは解釈とは異なる。分析家の解釈は、被分析者の連想や失策行為、夢などに対して加えられる。それは抑圧されているものを目指している。そして、分析される側が解釈にどのように反応するかが、解釈の可否を判断する指標とされていた。患者が分析家の解釈に対して「否」というとき（「それは母ではありません」等々）、この解釈は抑圧されたものを探り当てている、とフロイトは考えていた（「抑圧された表象の内容や思考の内容は、それが否定されるという条件の下でのみ、意識にまで達することができる」）[*18]。さらには、患者が解釈に対して肯定的であるとき、またしても、その解釈は正しい。しかしながら、それはあたかも、「表なら私の勝ち、裏ならあなたの負け」というコイン投げのゲームであって、常に分析家が勝つ不当なものに見える。

分析家の解釈は誤ることがないのかという当然の批判に対して、フロイトは、解釈には限界があることを認めて、さらに、解釈と並んで、分析家には構成の仕事があると述べる。[*19] 構成は、患者の心的外傷や、症状に関わる忘れ去られてしまった出来事を組み立てていく作業である。それは、深い土の中に埋もれた遺跡を発掘する考古学者の仕事に喩えられるが、このアナロジーに限界があることは、フロイト自身が認めている。フロイトは、もはや、かつて解釈について述べたような単純な見方をしない。分析家は、患者の語る事柄からその過去を構成して、それを伝える。この構成に対して、患者が肯定的に反応したからといって、それがただちにその構成の正しさを証すわけではない。というのも、うわべだけの肯定（分析家への服従）が、抵抗にとって好都合なことがあるからである。フロイトは言う。患者の「そのとおりです」という答えは、多義的なものとして受け取らねばならない、と。さらに、分析家の構成に患者が「否」という時、それは、解釈においてそう考えられていたように、その構成が正しいことを証明するものではない（間違った構成は、何の作用も及ぼさず、かつ無害であるとされる。他方

＊18　Freud (1925a), S. 12,（一九）四頁。
＊19　『素人分析の問題』でも、分析の「主要な作業」が抵抗に対する闘いであり、解釈という課題は姿を消すと述べられている（Freud (1926), S. 255,（一九）一五六頁）。

で、暗示は厳に慎まねばならないとフロイトは忠告している)。またしてもフロイトはこう言わざるをえない。患者の「否」は、多義的なのだ……。この意味で、構成の仕事は、それが正しいのか否かに関して、いかなる「保証」も持つことができない。

構成が意味を持つのは、それが患者の抑圧された記憶を呼び覚ますときであり、さらなる連想を促すときである。構成に促されて話される記憶は、内容としては不分明であるが、細部について「過剰に明確」であるという特徴を持つとフロイトは言う。これは、抵抗によって、本質的なもの(幼時の記憶という「前史 Vorzeit」)が想起されない代わりに、それに「隣接する些末なこと」が語られるという現象である。[20] フロイトはさらに一般化して、これは妄想形成にも共通するメカニズムであると続ける。忘れられた個人の「前史」が、神経症においては過剰に詳細な描写として現れる一方、妄想においてはそれが「強迫的な確信(信念)」という強度として回帰する。そして、妄想に強度を与えているものこそ、「歴史的真理」である。

妄想のこのような把握において本質的であるのは次のような見解である。つまり、錯乱は、詩人が認めたような「筋が通っている」方法を含むだけでなく、一片の歴史的真理をその中に含んでいるということである。妄想が見いだす強迫的信念は、幼児的源泉からその強度を引き寄せているとわれわれは仮定してよいだろう。[21]

妄想の強度は、前史における「歴史的真理」——それは「否認された現実」である——に由来する。妄想を「実際 Wirklichkeit」（いわゆる経験的現実）と異なるといって説得することは無益である。妄想の真理、妄想に憑かれることの真理を突き止めることこそ重要なのだ、とフロイトは強調する。いずれにおいても問題は「歴史的真理」なのだ。

　ここで問題になっているのは、トラウマ的出来事の地位である。大掴みに言って、フロイトは、次の二つの段階を経て、「歴史的真理」という考え方にいたっている。精神分析「以前」の段階において、フロイトは、ヒステリー患者の治療に際して、彼（女）らが語る性的誘惑の場面は、それが紛れもなく彼らを苦しめている症状の病因となっていると直感していた。そして、それは実際に起こったことだと考えていた。彼らは「本当のこと」を語っており、その出来事は、客観的な事実であるはずだ、と（出来事＝事実）。そして、誘惑理論と呼ばれるこの見解の

＊20　同じ見方は、『心理学草案』（一八九七）にまで遡ることができる。Aという、決してそれ自体では悲しいものではない観念で涙を流す患者がおり、本人も、なぜAという観念で涙が出てくるのか分からない。しかし、分析によって、Aという観念に隣接して、実はBという観念（副次的状況 Nebenumstand）があり、A＋Bという出来事があったことが判明する。その際、Aは、Bの置き換え、あるいは、Aは、Bの象徴となっている。フロイトによれば、Bが抑圧されているために、同時に、AからBへの連想路が抑圧されているために、その傍らにあるAという観念とそれにそぐわない情動が喚起されるという事態が生じる（Freud (1897), S. 440,（三）五九頁）。

＊21　Freud (1937), S. 54,（二一）三五五頁。

棄却こそ、よく知られているように、フロイトを精神分析に向かわせたものである。すなわち、誘惑の場面は幻想である。だが幻想であるということによって、これらの語りはその価値を減じない。むしろ、それは、客観的事実から相対的に独立したセクシュアリティの領域であって、その意味=価値は、事実か否かによってではなく、幻想内の諸要素の中で決定される。それが「本当」か（言葉の意味内容と現実との一致）どうかではなく、その「心的現実」が問題である、と。出来事は、その外部に価値の保証を探すのではなく、その語りの中で、他のあらゆる要素との関係において重層的に決定されると考えられるようになる。出来事についてのこの二つの見解を経て、フロイトは、ここで「歴史的真理」へと移行しているわけである。

「歴史的真理」は、『モーセ』の中で次のように論じられていた。フロイトによれば、「歴史的真理」を含んだ妄想は、宗教において大きな役割を演じている。[*22] 神の子がわれわれの罪を贖うために犠牲となった、よって、われわれはあらゆる罪から解放された、というパウロの説教は、それが「歴史的真理」に触れているがゆえに説得力を持つ。そこで暗に触れられているのは、父なる神は殺害されたという真理である。イエスが贖ったのは、原罪として翻訳されているところの父なる神の殺害という罪なのである。「彼［パウロ］がこの真理を他ならぬ福音という妄想的ヴェール（die wahnhafte Einkleidung）において理解していることは極めて見やすい」[*23]。フロイトによれば、キリスト教徒は、父殺しを告白することによって、罪から清められ、一神教を救済の宗教に変える。父殺しの罪悪感を原罪へと翻訳し、イエスの死を救済のための犠牲死とすることこそ、キリスト教の思想的支柱である。（しかし、フロイトにとって、キリスト教はもはや一神教と呼べるものではない。それは、偶像崇拝の禁止という欲動断念を解除し、さまざまな象徴や形象を持ち込んでしまっており、ユダヤ教（というよりむしろモーセ教）にある「精神性」を欠いている）。他方、ユダヤ教というより、ユダヤ教についてのフロイトの評価は、文字通りアンビヴァレントである。ユダヤ教というより、フロイトにとっては、エジプトに由来するモーセ教が、歴史上誰も為しえなかった「精神性の進歩」を可能にした。しかしながら、ユダヤ教徒は神の殺害を否認するために、罪悪感に付きまとわれることになる。ユダヤ教は、後の預言者たちが歴史的真理（モーセ殺害）を隠蔽したことによって、罪悪感に囚われたままである。ただしそのことによって、ユダヤ人は「欲動断念」という一神教の真理に（事後）服従し続けることができるのである。

フロイトは、「歴史的真理」を「ヴェール Umhüllung, Einkleidung」の比喩を使って語る。妄想というヴェール、それは、真理を「包み隠す錯誤」である。「真理の核 Wahrheitskern」は、錯誤

＊22　フロイトからルー・サロメへの手紙（一九三五年一月六日付）。「宗教は、その強迫的な性格を「抑圧されたものの回帰」に負っており、人間の歴史の、太古のとうに忘れられた非常に印象深い過程の再想起なのです。私はかつてこのことをトーテムとタブーで述べましたが、いまは次の言い回しで理解しています。宗教を強いものにしているのは、その「現実的」真理ではなく、「歴史的」真理である」。Pfeifer hrsg., (1980), S.224.

＊23　Freud (1939), S. 244,（二一二）一七一頁。

のヴェールによって包み隠されている。では、そのヴェールを取り除いて、真理という「裸体」に至ることが分析家フロイトの目標なのか？

この点に関して、フロイトは注意深い言い回しを用いている。「妄想的ヴェール」には「一片の真理」が含まれている、と。すなわち真理が、ヴェールを剥いだ向こう側にあるというより、ヴェールそのものに一片の真理が含まれている。真理の核とその錯誤のヴェールは分離できないかのようである。ヴェールは、例えば妄想において、その上に真理が「確信」として「波及」し、「拡散」する素材である。同様に『モーセ』で問題となるのは、モーセの姿（Figur）であり、一神教の真理を語るひとりのエジプト人である。モーセに率いられたユダヤ人にとって、その神と「分離不可能な」エジプト人モーセこそ、歴史的真理を覆うヴェールである。モーセの姿に、フロイトは、隠蔽されたエジプトの起源を見ようとしている。

そして、以下で見ていくように、モーセに率いられたユダヤ人が手にするのは、部分の真理としての「陶酔」であるとフロイトは論じている。フロイトは、この「真理」を中心に、あらゆる症状を整序して見せる。真理には触れ（え）ずに、それに隣接する細部を記述し続ける神経症者の幻覚や夢。真理の核に妄想というヴェールを通して触れる詩人や宗教家。では分析家はどうなのか？　分析家もまた真理に憑かれており、構成という手法によってそれに接近しようとする。ただ、この分析家の構成物は、精神病における妄想形成と「等価」なものである、とフロイトは言う。

患者の妄想形成は、われわれが分析治療において組み立てる構成の等価物であるように私には見える。もっとも、精神病のもとで、［妄想の］説明と復元の試みは、現在否認されている現実の断片を、それに先立つ前史において同じく否認されていた別の現実断片によって置き換えることに行き着くことしかできないのだが。現在否認されている材料と、かつて抑圧されていた素材との間の内的関係を発見することが、個々の診察の課題となる。[*24]

精神病において、人は「歴史的真理」に触れているが故に強度と強迫的確信を持って妄想を語る。そして、分析家の構成も、否認されたこの「真理の核」を目指している点で変わりはない。それは妄想と同様、「ありそうもない」し、歴史の「実際」とはまったく一致しないだろう。宗教家が確信を持って「妄想的な覆い《ヴェール》」から真理を語るとすれば、分析家は、もはや自分の構成には何の支えも保証もないと知りつつ、なお、「歴史的真理」への接近をやめない。しかし、分析家による構成は、強度によって駆動されているのではない。「［分析家の］作業の本質は、歴史的真理の断片を、歪曲と、現に今あるものへの準拠から解き放ち、それが属しているところの過去の特定の場所に正しく戻すことにある[*25]」。ここには、「分析的な素質」による細部への偏

＊24 Freud (1937), S. 55,（二一）三五六頁。

愛とでも呼ぶべきものが関わっている。*26

細部への偏愛において、『モーセという男と一神教』は、『ミケランジェロのモーセ像』と通底している。前章で見たように、後者において、彫像の、その動きが定着させられた瞬間より前の動きをコマ送り的に細分化することによって、史実とは「別のモーセ」が再構成されていた。すなわち、髭に奇妙に絡まるモーセの手の動きが瞬間ごとに再現され、そこから、戒律に背いて黄金の牛を熱狂的に崇めているイスラエルの民を見て怒りに打ち震えるものの、その怒りを飲み込んで石版を叩き割らないモーセが描き出されていた。ここでも同様に、構成の作業は、過去の出来事を細部に分割していき、諸要素間の連関をあらためて作り直す（素材間の「内的関係を発見する」）。モーセ＝エジプト人というフロイトの仮説はまさにこのような構成の結果に他ならない。エジプト的要素は、否認され、記憶されていない。この前史において否認された真理断片と、現在否認されている材料との「内的関係」を見つけること、それが構成の仕事である。こうして再構成された細部は、それ自体では正確かつ妥当なものだが、しかし、それが属していた全体に差し戻そうとすると、極めて過剰であり、歪《いびつ》なものとなっている。もはやそれは、出来事の全体から見ると「本当とは思われない」。しかし、その「歴史的真理」性をフロイトは譲らない。

『分析における構成』に即して確認してきたように、『モーセ』は、分析家の「歴史的真理」への情熱に駆動されて書かれたものである。フロイトによる構成の目標は、対象が被っている歪曲を読みとること、対象が位置づけられている現在の準拠枠から解き放って、「過去の特定の場所」に戻すことである。

さて、二つの序文を持つあの複雑なテキストを簡単に要約することは容易ではない。フロイトが『モーセ』でどのような構成をしているかを見る前に、『モーセ』の記述を想起しておきたい。以下に、フロイトがルー・アンドレアス＝ザロメに宛てて書いた手紙の一節で書いた要約を引用しておこう。

私の最後の仕事についてあなたがお聞きになったことを、私はきょう補足することができます。この仕事は、一体何がユダヤ人の特殊な性格を生み出したのかという問いから出発するもので、ユダヤ人はモーセという男の創造したものだという結論に至るものです。このモーセとは誰だったのか、そして彼はどんな働きをしたのか？　これは、ある種の歴史小説において答えられます。モーセはユダヤ人ではなく、高貴なエジプト人、地位の高い官吏、聖職者、あるいは王朝の王子であるかもしれず、アメンホーテプ四世が紀元前一三五〇年頃に支配的な宗教にした一神教的信仰の熱烈な支持者であったのです。このファラオが死んで新

＊25　Ibid.
＊26　Freud (1914c), S. 172,（一三）五頁。この点については本書第四章、一八二頁以下を参照せよ。

しい宗教が崩壊し、第一八王朝が消滅したとき、大志を抱いたこの野心家はすべての希望を失い、祖国を去ることを決意し、新たな民族を創り出そうと決断しました。そして、師の偉大なる宗教でこの民族を教育しよう、と。彼は、ヒクソスの時代以来この土地に留まっていたこのセム族の下に降りてきて、その先頭に立って彼らを賦役から解放し、精神化されたアトンの宗教を与えるだけでなく、エジプト人と彼らによって土着化した風習であった割礼を聖別の表れならびに隔離の徴として持ち込んだのでした。後にユダヤ人がヤーヴェをその神と讃えたところの事柄、すなわち、ヤーヴェがその民に彼らを選び出し、エジプトから解放したということは、文字通りモーセに帰せられるのです。この選民と新たな宗教の贈与によって、モーセはユダヤ人を生み出しのです。

ユダヤ人は、かつてのエジプト人のように、アトン教の要求の多い信仰に耐えられませんでした。モーセは民衆の蜂起によって後に殺害され、その教養は棄てられた公算が高いと、キリスト教徒である研究者ゼリンは明らかにしています。確実だと思われるのは、エジプトから帰還した部族は、ミディア（パレスチナとアラビアの西岸の間）の地に住まい、そこでシナイ山に棲む火山神を崇拝していた他の同族と合流したということです。この原始的な神ヤーヴェは、ユダヤ民族の民族神となりました。しかしながら、モーセの宗教は抹消されず、ぼんやりとした消息がこの宗教とその開祖の手元にはあり、伝承がモーセの神をヤーヴェと融合させて、エジプトからの解放をヤーヴェに帰し、モーセをミディアのヤーヴェの司祭たちと同一化してしまいます。この司祭たちが、イスラエルにおいて、この神の崇拝を始めたのです。実のところ、モーセはヤーヴェの名を知りませんし、ユダヤ人はそもそも紅海を渡らず、シナイに居たこともなかったのです。ヤーヴェは、その尊大さのために、モーセの神を犠牲にしたことの償いをせねばなりませんでした。古い神が、常にヤーヴェの背後に居たのですが、六ないし八世紀経つうちに、ヤーヴェはモーセの神の似姿に変わってしまいました。半分は消えかかった伝承だったのですが、モーセの宗教はついに勝利しました。この過程は、宗教の形成としては典型的なもので、古いものの反復でしかありません。宗教は、その強制力を抑圧されたものの反復に負っているのであって、それは、人類史の、極めて古い、消息不明ですが強い作用を及ぼす過程です。このことを私は、既に『トーテムとタブー』で述べましたが、いまは、次の定式で理解しています。すなわち、宗教を強力なものにしているのは、その現実的真理ではなく、その歴史的真理である、と。[*27]

ネットワーク

ここまで『モーセ』がこれ以上なく精神分析的な仕事であることを確認してきた。以下では、

＊27　フロイトからルー＝ザロメへの手紙（一九三五年一月六日付）。E. Pfeifer hrsg. (1980), S. 222-224.

具体的にフロイトの再構成を見ていこう。フロイトが再構成するモーセの一神教を、われわれは「ネットワーク」、「欲動断念」、「陶酔」という三つのキーワードで捉え直してみたい。

フロイトは、モーセを一神教が伝わっていく経路上に位置づける。フロイトのモーセへの同一化を語ることは、このテキストでは問題にならない。モーセは歴史上二人存在したとして、その形象を分割して見せたのは、フロイトに他ならなかったはずである。モーセという人間の中に「偉大さ」を見いだそうとする試みにフロイトは与しない。モーセをモーセたらしめている「一般的かつ非人格的な要素」、それらの「重層決定」こそが問題である。ここでフロイトは、「ネットワーク Netzwerk」という言葉を持ち出す。「したがってわれわれは、この「偉大なる男」に、原因をつくるものの連鎖もしくはネットワークにおけるその立ち位置を確保する」[*28]。モーセの一神教は、イクナートンに、さらにはアジアへと連結していく複数の伝達路を経由して彼にもたらされたものである。サミュエル・ウェーバーがこの箇所に着目して述べているように、ネットワークとは、「その絶対的起源や決定的な終わりに遡ることができない」ところのものである。[*29] 一神教の理念も伝達のネットワーク上にあり、モーセの所有物とすることはできない。「モーセという男が主張したこの偉大な宗教理念は、われわれの論述に従えば、彼のものではなかった。彼はそれをイクナートン王から譲り受けたのだった」[*30]。あるいは、それは、モーセの母親から彼に伝えられたものかも知れないとも推測される。いずれにしても、原因となるものの連鎖（Kette）をモーセのところで切断して、彼を起源に立つ人間として扱うことは「不当」である。

フロイトが再構成して述べるところでは、エジプトにおける普遍神は、エジプトの政治的帝国主義に対応している。このエジプトの太陽神に関して、フロイトはブレステッドに依拠している。ブレステッドによれば、帝国における税の徴収が、普遍神の信仰と深く関わっている。「ファラオが彼の時代の全世界から租税を徴収した瞬間に、エジプトの普遍神の思想が生じたのは、決して偶然ではない」[*31]。しかしエジプトの一神教は、その厳格さのために激しい抵抗に遭い、それを押しつけたイクナートンの死後、あっさり棄てられてしまう。それに代わって、再び多神教的な民族宗教が復活した。イクナートン（アメンホーテプ四世）の熱烈な支持者であったモーセは、一神教の普遍的な理念の実現がエジプトで頓挫したという「喪失」を埋め合わせるべく立ち上がったとフロイトは考える。帝国の辺境にいたモーセは、ユダヤの民を「エジプト人のよりよい代理」として「選び出す」。フロイトはこのようにして、選民（Auserwähltheit）の契機を骨抜きにする。フロイトにおける選民は、優越感を生まない。また、旧約聖書における

＊28　Freud (1939), S. 218,（一二）一四〇頁。
＊29　「この［ネットワークの］余所性（elsewhere）、場所の分割という非形象（nonfigure）は、不明瞭なだけでなく見えないのであって、『女性的』である」（Samuel Weber (2005), pp.70-71）。
＊30　Freud (1939), S. 218,（一二）一四〇頁。
＊31　J.H.Breasted, *History of Egypt*, 1906. Assmann (2007), S. 223 からの重引。

「出エジプト」の記述が、ヘブライとエジプトを真／偽の対立として象徴的に描き出していると見ることができるなら、これに対してフロイトは、両者の「根源的な同一性」を強調してやまない。

もしモーセがユダヤ人に新たな宗教のみならず、割礼の掟をも与えたのなら、彼はユダヤ人ではなくエジプト人であって、よってモーセの一神教はおそらくエジプトのそれである。つまり国民宗教との対立を考えれば、後のユダヤの宗教といくつかの重要な点で一致するアトンの宗教なのである。[*32]

他方で、後に接続するヤーヴェの神について、フロイトは、それがそもそも一神教の名に値するのかと疑問を呈している。「乳と蜜の溢れる」地をイスラエルの民に約束したその神は、残忍で偏狭な地域神にすぎず、何ら普遍的ではない、と。そこにいるのは、エジプトのモーセとは別の、もう一人のモーセに他ならない。第一のモーセと、このモーセを名乗った司祭との間には、時間的にも思想的にも隔たりがある。後者は、一神教のエジプトからの伝統を消去して、そこに一神教の起源を仮構したのだとフロイトは推測している。

一神教のネットワーク上に位置づけられることによって、モーセは、何らオリジナルな思想家ではなくなる。このことによってより鮮明になるのは、なぜモーセに率いられたユダヤの民によって、フロイトが言うところの「精神性における進歩」が可能となったのかという問題である。一神教はモーセ以外の者によってアジアやエジプトで大きく花開く可能性もあったにもかかわらず、その思想の継承者であるモーセにおいてそれが可能となったのはなぜなのか、それを個人的な条件に帰すことなくフロイトは考えようとしている。

フロイトの問いは、モーセの宗教において「精神性における進歩」がなぜ可能であったか、そして、なぜそれが維持されえたのかというものである。フロイトによれば、その名を呼ぶことも、またその像を作ることも禁じられた唯一の神を崇拝することによって、それは成し遂げられた。神の像を作ってはならないというモーセの禁止は、感覚性（**Sinnlichkeit**）の排除を意味している。「精神性における進歩」とは、精神性の感覚性に対する勝利に他ならない。ここには紛れもなくファルス中心主義と呼ぶべきものが存在している。この点についても以下で再び触

＊32　Freud (1939), S. 126,（二一二）三二一頁。フロイトは、ユダヤ教をエジプトという非ユダヤ的出自へと開くことで、「巨大な和解のための空間」を構築しているとサイードは述べる。この和解空間はユートピアではなく、「厄介で力を殺ぐ不安定な世俗の傷」としてアイデンティティを生きる場所である（Said (2003), P. 44, 五四頁）。

れよう。

感覚性は、視覚や触覚に訴える「直接的な知覚」である。それに対して、精神性とは、記憶、表象、推論過程が重要になる抽象的な思考領域である(この意味で「精神性」は「知性」と言い換えてもよい)。偶像崇拝の禁止をフロイトは「神の脱物質化 Entmaterialisierung des Gottes」と呼ぶ。この感覚性の排除が「欲動断念」である。フロイトの描くモーセは、神を信じることよりも、欲動断念を強いる存在である。「神の像を作ることの禁止とともに始まったその宗教は、数世紀を経るうち、ますます欲動断念の宗教へと発展していく。……神を信じよという要求ですら、この倫理的諸要求の重大性の背後に隠れてしまうように見える[*33]」。

精神性の勝利に至る人類の発展を、フロイトは母権制から父権制への歴史的移行と重ねている。ここには見紛う事なきファルス中心主義がある。リヒテンベルクに依拠しつつ述べられているのは、次のようなことである。すなわち、「母性は感覚(Sinn)という証拠によって証されるが、その一方で父性は推定であって、推論と仮定の上に立てられる[*34]」。すなわち、母親は見えるが、父親は見ることができない。母親は形象である一方、父親は声である[*35]。感覚性を乗り越えることは、先に神の「脱物質化」といわれたように、「母性」から脱することを含意している[*36]。しかし最後に見るように、この母性から父性への「飛躍」は、完全に遂行されることはない。

モーセ教はアトン教を超える厳格さを持っていたに違いないと推測しながら、なぜイスラエルの民は、モーセに手酷く扱われれば扱われるほど、よりモーセに服従するようになるのかとフロイトは問う。

それに対する一つの回答は、モーセがユダヤの民に殺害され、その罪悪感が回帰することで欲動断念の教えが持続し続けるというものである。先のフロイト自身の要約にもあったように、『トーテムとタブー』で論じられた原父殺害がここに「適用」される。つまり、モーセの教えにユダヤ人は「事後服従」しているとされる。モーセが生きているときより、むしろ「死んだ父」となったときにより強力にその力が作用するという論理である。モーセ殺害説は、ゼリンによって主張されたが、後にゼリン自身がその説を棄てているにもかかわらず、フロイトはこれを保持し続ける。

エジプト由来のモーセの宗教がユダヤ人の中で生き続けていることのもう一つの説明は、欲動の論理の内部から導かれる。感覚性の排除という欲動断念は、あらゆる快を退けているのではない。欲動断念は「避けがたい不快の他に、自我に快を、いうなれば代償的充足（Ersatzbefriedigung）をもたらす[*37]」。直接的な快が断念された中で経験される、不快の中にある快

＊33　Freud (1939), S.226,（二二二）一五〇頁。

＊34　Freud (1914c), S. 173,（一三）六頁. Jones(1953), I, p. 346.

＊35　H. Thode (1913), S. 194-206.

＊36　デリダは、「精神性の勝利」に関するフロイトのファルス・ロゴス中心主義について、フロイトが一度たりとも疑っていないのは、母親の同一性であると指摘している。代理母のような生殖テクノロジーの進展によって、この前提はもはや維持しえないであろう、と（Derrida, ibid., p.86）。

である。この特別な快の説明に、フロイトは苦心している。この特別な快の洗練にこそ、フロイトによれば、ユダヤ人をユダヤ人たらしめている核がある。そのようにフロイトが考えていることは、この不快に含まれる快を民族の「かけがえのない財宝」あるいは「秘密の宝」と呼んでいることとから伺える。モーセが強制した欲動断念は、感覚性を退けるという不快に耐えることを意味しているが、その中に、通常の快とは異なる淫靡な快が見いだされる。それによって、「自我は高揚したように感じ、欲動断念を価値のある達成のように誇らしく思う」[38]という状態が出てくる。それがひいては、優越感にもつながるという。

精神性におけるこれらすべての進歩は、その者の自尊心が高まり、自らを誇らしく思い、したがって、他の者より優れている感覚を結果としてもたらす。[39]

フロイトが、この文章を書いている同時代の現象としてのボルシェビキの壮大な実験に言及していたことを思い出そう（これは、進歩は野蛮と連帯しているという時代情勢に対するフロイトの洞察として述べられている）。フロイトはソビエトに対して、イデオロギー的な過剰反応をすることなく、冷静に観察している。「ソビエトのロシアでは、抑圧の下に引き留められていた一億もの人々を、よりよき生活様式へと高めようと企てが為されている」[40]。フロイトの懸念は、ソビエトにおいて惨たらしい強制が行われ思想の自由が奪われているのではないかという点にあるのだが、むしろその前段で、ソビエトが宗教という「麻薬」を取り上げたことを「大胆」と評していることが着目される。

それまでの宗教批判（集団神経症としての宗教）にもかかわらず、[*41]フロイトは、ここでソビエトの政策に諸手をあげて賛成しない。宗教という阿片、つまりは「陶酔の手段」を完全に除去することに、フロイトは躊躇している。そして、この宗教における「陶酔 Rausch」こそ、フロイトがモーセの一神教を論じていく中で焦点となるものである。

陶酔という契機が生まれてくるのは、次のようなプロセスによってである。「欲動断念は、欲

*37　Freud, ibid., S. 224,（二二）一四七頁。

*38　Ibid.

*39　Ibid., S. 222,（二二）一四五頁。『トーテムとタブー』で、一度原父によって共同体から追放された息子たちは流浪の中で知性（原父の暴力に対抗するもの）を発達させ、その中で「優越感 Überlegenheit」を抱いていたとフロイトは描写していた。外部ならびに同性愛、そして知性が親和的なものとして語られている（Freud (1913c), S. 174,（一三）一八五頁）。

*40　Freud (1939), S. 156-7,（二二）六八頁。

*41　フロイトは、自分の中には宗教的感情が見いだされない、ロマン・ロランがいうところの「大洋的な ozeanisch」感情を基本的なものと見なすことができないというとき、フロイトが原初的な者として認めないのは、宗教一般ではなく、むしろ、「大洋的なもの océanique」、すなわち「海 mer」から当然連想される「母 mère」、母性的なものと見るべきである（『文化の中の居心地の悪さ』一九三二）。むしろ父親憧憬がフロイトにとって原初的なものである。このファルス中心主義がフロイト自身によっていかに裏切られるかを後段で確認する。

動の強度そのものをエネルギー移動によって低下することに成功しないなら、持続的不快を結果としてもたらすだろう。しかし、欲動断念は、別の、内的原因によっても強制されうるのだ」[*42]。外部から強制されるのではなく、内面化された他者たる「超自我」の命令に服することは、欲動に「別の経済的作用」を生む。「自我が超自我に対して、欲動断念という犠牲を捧げると、その報酬として、自我は超自我に愛されることを予期している」[*43]。すなわち、超自我に服従することが、自我に報酬を与えるのである。それは、快の断念に対する「代償的充足」であるが、もはや通常の快とは異なっている。フロイトは、『マゾヒズムの経済論的問題』において、欲動断念が倫理を生み、欲動断念に含まれる「性愛的要素」がさらに欲動断念を加速させるという形で、欲動の、快原理とは「別の経済的作用」について論じていた。「……最初の欲動断念は、外部の力によって強制されたもので、そしてこの欲動断念が初めて道徳を生むのであって、それが良心として表れ、さらなる欲動断念を促すのだ」[*44]。そこに「陶酔 Rausch」が含まれている。

道徳的禁欲の新たな陶酔の中で、さらに新たな欲動断念が課され、少なくとも教養と戒律においては古代の他民族には到達不可能であった倫理的な高みに到達した。[*45]

フロイトが解明しようと目論んでいた、ユダヤ人をユダヤ人たらしめている性格は、この「陶酔」の中にある。エリック・ザントナーは、この「陶酔」が、父の言葉という倫理的戒律の症状であると論じている。父の言葉は、あらゆる価値を価値づけるが、それ自身の価値を根拠づけることができない。すなわち父の言葉は、それを根拠づけるメタ言語を持たない（それを保証する何物もない）ため、「根拠なき根拠」となる他ない。これは神義論における割れ目（breach）であって、この意味で、父の言葉は行為遂行的にしかその主権（sovereignty）を証し得ない。この無根拠性を裏側で支えているのが、「異教徒的な pagan」含意を持つ「陶酔」である、とザントナーは述べる。[*46] この淫靡な快の発見と、その洗練によってこそ、ユダヤ人は高度な精神性に到達し得た。しかし同時に、この陶酔の対象を持つが故に、ユダヤ人は羨望と憎悪を同時に抱かせる存在となったのだ、と。

このようなユダヤ的なものの特殊性は、しかし、さらに大きな文脈（「別の契機」）から捉え直されている。すなわち、一神教という普遍的理念の内側から、先に見た「陶酔」のような不純物が析出される過程が追跡されるのである。

神がたった一人しかいないという一神教の理念は、必然的に「親密性の犠牲」という事態を

＊42　Freud (1939), S. 224-5,（二二）一四七頁。
＊43　Ibid.
＊44　Freud (1924), S. 383,（一八）三〇〇頁。
＊45　Freud (1939), S. 243,（二二）一七〇頁。強調引用者。
＊46　Santner (1999), pp. 16-7.

生み出すとフロイトは考えている。唯一の神は表象不可能であって、誰にもその名と姿の占有は許されない。神が普遍的な存在となり、「あらゆる国民と民族」を気にかけあるいは支配するようになるとき、そこでは神との親密な関係は絶たれる（欲動断念を強いられる）。それは反対側から見れば、その神を、諸国民たちとともに「分割／共有する」ということである。[*47] フロイトが「親密性の犠牲」と呼ぶのは、もはや自らの民族だけがその神に愛されているという依怙贔屓が、普遍神の下では断念されねばならないという事態である。この欲動断念は、何かで「埋め合わせ」されなければならない。[*48] こうして、神が特別に自分（自民族）を愛しているという選民の契機が、その「埋め合わせ」をする。欲動断念に対して補填された「親密性」こそ、モーセがユダヤ人に与えた選民という観念であったとフロイトは考える。これによって、ユダヤ人は、「彼らの神に対する特別な内的関係」を獲得する。モーセがエジプトの一神教に為した唯一の「付け足し」がこれであった。[*49] この一点のみがエジプトの一神教に還元されない「剰余」であり、汲み尽くしがたい「陶酔」の源である。普遍的理念が強いる欲動断念に、おそらく人は耐えることができないだろう。精神性における進歩は、逆説的にも、このような不純な要素がなければ不可能である。「陶酔の手段」を完全に取り上げることはできないことをフロイトは示唆する。

最後にこれまで見てきたことを、『トーテムとタブー』と『モーセ』における父親の位置づけの変化として捉え直してみよう。前者において、父は共同体のすべての女を所有する「原父」

として語られていた。それは全能なる父であって、さらに、息子たちによって打倒された後には、誰もその原父の位置を占め得ないことによって、死後にもその力を維持しうるものと論じられた。フロイトは、このテーゼを『モーセ』で用いて、モーセをこの原父のように扱おうとしている。すなわち、モーセの律法は、モーセが殺害されたことによって事後的に回帰するというふうに。ヤン・アスマンが論じているように、フロイトのモーセは殺されて初めてモーセとなる。[*50]それ以前は、われわれが確認してきたように、彼は一神教が伝達されていくネットワ

＊47　"alle Länder und Völker"をここでは旧約聖書に倣って「諸国民」と訳した。新約聖書においては同じ語が「異邦人」と訳される。馬場智一氏の教示による。

＊48　Freud (1939), S. 237.（二二）一六二頁。

＊49　Ibid., S. 167.（二二）八〇頁。

＊50　Assmann (2007), S. 234. アスマンは、フロイトの『モーセ』を、一七世紀以来続くヨーロッパにおけるモーセ＝エジプト人説の末尾に位置づけている。それは正統な、しかし抑圧的な「モーセ的差異die mosaische Unterschied」に基づく歴史記述に対する「対抗歴史」であるという。「モーセ的差異」とは、イスラエルを唯一正しいものとし、それに対するエジプトを偽とする強力な二項対立の物語である。エジプト人モーセという形象は、「出エジプト記」の裏返しもしくは修正であって、先の二項対立を「脱構築」するものであるとアスマンは主張する。アスマンには、一神教は必然的に偏狭なもので、それに対して多神教は寛大であるという前提があるように見受けられる。そしてこの前提は、フロイトにはないものである。他方で、フロイトの『モーセ』が、シラーの『モーセの使命』と似ているという指摘は的を射ている。すなわち、モーセがエジプトにおける一神教の秘密組織のエリートであったという記述など、いくつかの相似点が見られる（F.v.Schiller(1790), Assmann hrsg.(2001)）。

ーク上にたまたま位置していたに過ぎない男として描かれていた。ところが、モーセは殺害されることによって、『トーテムとタブー』における原父（Urvater）のごときものへと変貌させられ、起源に立つ人間となる。

やはり、フロイトは『モーセ』において、『トーテムとタブー』における図式をそのまま当て嵌めているのだろうか。そうではない。『モーセ』と『トーテムとタブー』の最大の違いは、先に見たように、フロイトがモーセという父の形象に、「陶酔」という不純物を付着させていることである。偶像崇拝の禁止という欲動断念の中で陶酔が経験されるということ、それがユダヤ人の自尊心を高める「秘密の宝」であるとフロイトは述べていた。注意すべきは、この高揚感、陶酔が、決して男性的なものではないということである。いわば、偶像崇拝の禁止という神の「脱物質化」は、その結果として逆説的にも、消去不能な「物質的なもの」あるいは「母的なもの」を生み落とすということを、計らずもフロイトは示している。

そして忘れてはならないのが、ここでフロイトが言う「ユダヤ人」が、エジプト人モーセに率いられた者たちであり、何より欲動断念に耐えた後に陶酔に辿り着いた者たちであるということである。つまり「ユダヤ人」は特定の民族の名ではなく、あの特殊な快を共有する者たちに与えられた名であることだ。

陶酔に関するフロイトの思考の原型は、『ユーモア』（一九二七）に既に見ることができる。苦痛を被るかも知れない危険性を逃れるために、人間の心的生活が生み出してきた一連の方法の中にユーモアを位置づけている箇所で、フロイトは「陶酔」に言及している。「神経症に始まり、妄想で頂点を迎える一連のもの」には、「陶酔 Rausch」「自己沈潜 Selbstversenkung」「忘我 Ekstase」が数えられている。ユーモア――フロイトが挙げるのは「引かれ者の小唄 Galgenhumor」の例である――は、厳しい現実の拒絶、そして快原理の貫徹として定義しうるが、そこには「雄大なもの etwas Großartiges」と「精神的高揚（崇高さ） Erhebenheit」がある。これらのユーモアに含まれる「威厳 Würde」は、父親との同一化の結果であるとフロイトは述べる。すなわち、現実を児戯に等しいものと見る大人（超自我）の視点が、ユーモアという精神活動の核心である。ここでもフロイトは、父的なもの――それは抽象的思考、知性を意味する――の中にそれとは相容れない「忘我」や「陶酔」を見ている。[*51] 父親＝超自我の立場から見ると、私＝自我の利害関心など取るに足らないものとなるとフロイトは述べているが、ここでもわれわれがずっと追跡してきた逆説が浮かび上がる。つまり、快原理をどこまでも追求するために用いられるユーモアは、もはや自我の快――これは自分の生死に関わる限界状況をも含む――を顧慮しないという逆説を帰結する。まさにこの意味で、ユーモアが開く陶酔の次元は、快／不快の彼岸にある。ユーモアの快に含まれる陶酔は、幼児的な通常の快を断念した瞬間にもたらされる。自我の快を些細なものと見る態度は、陶酔という別のものをもたらすのである。ユーモアにお

＊51　Freud (1927), S. 385-6, （一九）二七〇頁。

いては、知的な高さ、つまり父なる神の高みから見下ろす視点があり、それによってその個人の威厳が辛うじて保たれる。同時にそこには、知的な裁断の残酷さを自らに適用する者が味わう特別な快が存在する。

精神分析運動の始まりで、いよいよ厄介な現実に直面せざるを得なくなるだろうとフロイトはユンクに宛てて書いていた。運動が直面する現実に対して、政治を画策し、外交的に動き、ときには否応なく妥協を強いられる場面もあるだろう。そこで必要になるのは、ユーモアだとフロイトは述べている。「こうした「屁」のような事態について討議するときが来ても、われわれはユーモアによって対抗できるでしょう」[*52]。政治——具体的には離脱者や追放者を続々と生み出さずにはおかないような過程——を「屁」のように他愛のないものとするユーモアがこの運動に必要であると述べた後、ユーモアにはもちろん「限界」があると付け加えることをフロイトは忘れなかった。確かにユーモアを以てしても、現実に対して「敗北」せざるを得ない。しかしユーモアを持たない者が現実を動かしえないことをもフロイトは知っていた。精神分析運動にかけるフロイトの情熱は、間違いなくこのようなユーモアに裏打ちされていたはずである。

＊52　フロイトからユンクへの手紙（一九一〇年一〇月三一日付）。McGuire / Sauerländer hersg. (2001), S. 163,（下）七五頁。

補遺A　国際精神分析協会「規約」（一九一〇）

I　団体名：「国際精神分析協会」

II　所在地
国際精神分析協会の所在地は、そのときの議長の居住地とする。

III　国際精神分析協会の目標
フロイトによって設立された精神分析的科学を純粋な心理学として、そしてまた医学と人文学への応用において育成し促進させること。精神分析の知見を獲得し普及させるために、会員が相互に支援することに努めること。

IV　会員
協会は、支部の規定に従った会員から成る。支部の存在しない地域の者は、最も近い支部に加入しなければならない。

V　会員の義務
すべての会員は、中央執行部に年間会員費一〇フラン（一〇クローネ、八マルク、二ドル）を支払うこと。

VI　会員の権利

会員はすべての支部協会の会議に参加する権利を有する。会員は通信誌の定期的な送付を受け、大会に招待される権利を持つ。会員は選挙権・被選挙権を持つ。

VII　大会

国際精神分析協会の最高監督は、大会に帰される。大会は中央執行部から少なくとも二年おきに召集され、議長とその都度の中央執行部によって指導される。大会は毎回中央執行部の運営者を選出する。

VIII　中央執行部

中央執行部は、議長と議長が提案し大会で選出された書記から成る。中央執行部は二年の任期で選ばれる。中央執行部は、外部に対して国際精神分析協会を代表し、支部の活動を統括し、通信誌を編集し、大会にその活動を報告しなければならない。

IX　通信誌

国際精神分析協会の通信誌は、月一回発行される。通信誌は中央と支部の間の通信を仲介し（業務上の伝達）、精神分析に関わる学問上および個人の情報を公表し、支部協会における最重要事項と精神分析に関わりのある文献の新刊書を掲載する。

X　中央執行部の諮問委員会

諮問委員会は、支部協会の議長によって構成され、可能なら年に一度議長によって召集されるものとする。

XI 支部協会

新しい支部協会は、そのときの議長の同意によって設立される。その最終的な受け容れは、次回大会の決定を必要とする。

XII 規約の変更

規約は大会によって変更することができる。そのためには、出席会員の三分の二が必要とされる。

一九一〇年三月三一日　ニュルンベルク大会にて議決

国際精神分析協会

議長：講師、博士C・Gユンク

書記：博士F・リクリン

以下より転載（G. Wittenberger (1995), S. 55-6)。

一九一八年のブダペスト大会で承認された規約にも大きな変化はない。ただ、「国際精神分析出版有限会社」が「協会機関」であること、その発行物として『医学的精神分析国際雑誌』と『イマーゴ：人文科学への精神分析の応用のための雑誌』が新たに認定されている。その時の会長はS・フェレンツィ、書記はアントン・v・フロイント（筆者）。

（Internationale Zeitschrift für Ärztliche Psychoanalyse, 1919, S. 143ff.）

補遺B　ベルリン精神分析協会。授業・養成活動一般のための要項

1　機関の教育・授業活動の目標は
a)　精神分析の理論的・実践的養成
b)　精神分析研究の促進
c)　精神分析の知識を広めること
2　教育・授業活動の統率は、ベルリン精神分析協会によって任命された六つの部会から成る委員会に委ねられる。

要綱

I　精神分析の治療者養成のための準備
a)　精神分析の治療者（成人の分析）のために、素養として医学の勉強が不可欠なものと見なさ

れ、それに精神医学、神経学的教養が補完として結びつくものとする。これについて、例外は極めて特別な場合にのみ認められる。

（注）養成を認められるために、医学の勉強を既に修了している必要はない。むしろ、医学の勉強をする一方で、理論的な精神分析の勉強を始めることも可能であり、とりわけ教育分析はなるべく早く開始すべきである。したがって実践的な養成は、医学の勉強が終わるまでに完了される。

b) 幼児分析家の予備教育に関して、治療分析家一般の予備教育に関してと同じことが当てはまり、ただし、医学の代わりに、それに対応する幼児の病理学を含む基礎的な理論的・実践的教育学が入ることができる。

a)とb)について。委員会は養成の候補者の認可に関して、これら三人のメンバー自身が個人的に紹介された後に決定する。

II　精神分析の治療者の養成過程

a)　教育分析

教育分析は、精神分析の養成過程の始めにある。分析についての書籍による講座と講義による聴講に関して、教育分析の一方で、教育分析の判定が重要である。教育分析は少なくとも六ヶ月間と見積もられる。教育分析を受ける者の教育分析家への割り当ては、教育委

員会の権限に属する。(略)

b) 講座

A 入門講座

(注) 入門講座は、すべての教科の前半部に属し、後半は最終的に医師と非医師(とりわけ教育学者)に分かれて行われる。

B 特別講座

講義と訓練のグループ

1 欲動理論(リビドー理論、倒錯、抑圧、無意識その他)

2 夢

3 技法

4 一般ならびに特殊神経症論

5 精神分析の実践的な、治療外への応用(教育学など)

6 理論的非治療的な精神分析の応用(美学など)

その時々の講座は、教育委員会によって時宜を見て確定、公表される。理論講座は、実践的養成への導入までに、二学期もしくは[年三学期制の]二学期よりも少ないことがあってはならず、その後で実践的養成と並行して継続されるべきである。

c) 実践的外来診療養成

1 実践的外来診療養成は、豊富な理論的基礎知識を習得し、教育分析が終了もしくは十分に進捗して初めて着手される。理論的養成は、特殊な場合、講座とは別の研究によっても獲得されうる。

2 外来診療の養成は、通常、少なくとも二年間の一般的半日労働で続行される。二年以内に実習生は、教育委員会の許可で精神分析活動を始めることができる。

d) 独立した分析活動への移行

独立した分析活動の開始は、教育分析家と外来診療の教育係と協議した教育委員会の裁定による。

III 非治療的精神分析家の養成

1 治療者の教育を受けることなく、精神分析を学びたい者に対して、あらゆる講座と訓練が開放されている。それらが治療技術に関わらない限りで、また、ここの講座指導者が自ら特別に選択しない限りで。

2 充分な教員がここでまかなえない講座について、可能な限り外部からの専門家を招聘する。

IV

A　Ⅱbのもとの教育講座以外

1　純粋に啓蒙的な講座ならびに「精神分析とは何か」というテーマについての三、四時間の講座（一般的な教育目的）

2　一般的精神分析の入門教育。入門教育は、さまざまな学問分野の参加者に部分的領域に関して精神分析の理論的実践的可能性についてと同様、彼らがその教養課程について決断できるよう情報を与えねばならない。

B　学問的に教育を受けた者の講座とは別に、精神分析についての平易な授業が、多くの聴衆のために設置される。

以下より転載（G. Wittenberger(1995), S. 157-160)。

あとがき

ジークムント・フロイト以後の精神分析を眺めていくと、いかにフロイトが特異な存在であったかに気づかされる。フロイト以降の精神分析が幼児や母親（両者の関係）、女性性へと研究の焦点を移していくことを考え合わせるなら、父親を中心に置いたフロイトの理論構築は——その出発点が「他ではあり得なかった」と知りつつも——やはりその異質さに目が行く（それは〈不在〉についての思考であったと言うことができるだろう）。

フロイトの精神分析は「権威、抵抗、自律」をめぐるものであったとエリ・ザレツキーは述べている（『魂の秘密』）。まさしく本書も、精神分析の運動としての側面を追跡していく中で、「権威」や「主体」「真理」といった大仰なタームを用いた論考とならざるをえなかった。しかし、これらのテーマがいかに時代錯誤的であれ、それはこのテーマが消滅したことを意味するわけではないだろう。

その一方で、本書は、フロイトの芸術的方法論について考察している。そのことによって、精神分析運動めぐる男性的《ホモソーシャル》側面がいくらか「脱構築」されていることを筆者としては切望している。少なくともフロイトの精神分析的思考の基本的な道具立てに、芸術（詩、小説、彫刻、写真……）が深く関与していることを示し得ていると思う。フロイトが目指す真理が常に「部分」に留まるものであることを、その芸術を範にした試行錯誤は示している。

本書は二〇一〇年度に一橋大学大学院言語社会研究科に提出した博士論文をもとにしている。審査にあたっていただいた鵜飼哲、久保哲司、十川幸司の各先生にこの場を借りてあらためてお礼を申し上げたい。提出時よりいくらか欠点が少なくなっているとすれば、審査していただいた先生方のおかげである。

鵜飼哲氏には、ゼミナールを通じてご指導いただいただけでなく、大学「外」のさまざまな「現場」でそのしなやかな思考や姿勢に学んだことが大きい。また精神分析家・十川幸司氏には、博士論文の執筆途中で目を通していただいたことで構成が今の形に大きく変わるきっかけをいただいた。また、松本潤一郎、馬場智一の両氏にも、草稿を読んでもらい有益なコメントを頂戴した。

大学院では、古澤ゆう子、R・ハーバーマイヤーの両先生から多くを学ばせていただいた。

また、読書会やプロジェクトを通じて、絓秀実、長原豊の両氏からたくさんの刺激と助言をいただいたことをここに記しておきたい。

最後に、以文社の前瀬宗祐氏に感謝を申し上げる。いち早く私の博士論文に興味を持って下さった氏の叱咤激励がなければ、本書を完成させることはできなかった。

二〇一二年一〇月三一日

比嘉徹徳

参照文献

Abraham, Hilda C. / Freud, Ernst L. hrsg. *Sigmund Freud Karl Abraham Briefe 1907-1926*, Frankfurt: Fischer, 1980.

Abraham, Karl. "Freud's Schriften aus den Jahren 1893-1909," in: *Jahrbuch für psychoanalytische und psychopathologische Forschung*, Bd. 1, 1909.

——— *Gesammelte Schriften*, Bd. II, Frankfurt: Fischer, 1982.

赤間啓之『デッサンする身体』春秋社、2003年。

Anzieu, Didier. "Paralysie et créativité: naissance d'un un concept freudien", *Science de l'art : Institute d'esthétique et des sciences de l'art*, 8, 1971, 3-8.

——— *Freud's Self-Analysis*, trans. Peter Graham, London: Hogarth Press and the Institute of Psycho-Analysis, 1986.

Alexander, Franz / Selesnick, Sheldon T. "Freud-Bleuler Correspondence", in: *Archives of General Psychiatry*, American Medical Association (3), 1960, pp. 1-9.

アリストテレス『詩学』松本仁助・岡道男訳、岩波書店、2000年。

Assmann, Jann. "Der Fortschritt in der Geistigkeit. Sigmund Freuds Konstruktion des Judentums", in: *Psyche*: 154-171, 2002.

———*Moses der Ägypter: Entzifferung einer Gedächtnisspur*, Frankfurt: Fischer, 2007.

Balint, Michael. "Einleitung des Herausgebers," in: Sandor Ferenczi, *Schriften zur Psychoanalyse*, Bd.1, Frankfurt am Mein: Fischer, 1970=1982.

Benjamin, Walter. *Kleine Geschichte der Photographie* (1931), 『写真小史』久保哲司編訳、ちくま学芸文庫、1998年。

Benveniste, Emile. *Problem de linguistique générale*, folio, 1966. =『一般言語学の諸問題』岸本通夫訳、みすず書房、1983年。

Bergstein, Mary. *Mirrors of Memory: Freud, Photography, and the History of Art*, Ithaka/London: Cornell University Press, 2010.

Bettelheim, Bruno. *Freud's Vienna and other essays*, Vintage Books, 1991. ブルーノ・ベッテルハイム『フロイトのウィーン』森泉弘次訳、みすず書房、1992年。

Binswanger, Ludwig. *Erinnerung an Sigumud Freud*, Bern, 1956. ＝ビンスワンガー『フロイトへの道』竹内直治・竹内光子訳、岩崎学術出版社、1969年。

Bleuler, Eugen. "Die Psychoanalyse Freuds," in: *Jahrbuch für psychoanalytische und psychopathologische Forschungen*, Bd. 2, 1911.

Brandt, Lewis W. "Freud and Schiller", in: *The Psychoanalytic Review*, 46(1956): 97-101, 1956.

Buse, Peter. Sinai snapshot: "Freud, photography and the future perfect", in: *Textual Practice*, (10)1: 123-144, Routledge, 1996.

Chertok, Leon. Saussure, Raymond de. Naissance du Psychanalyse: de Mesmar à Freud, Payot, 1973. シェルトーク・ソシュール『精神分析学の誕生』長井麻里訳、岩波書店、1987年。

Clark, Ronald C. *Freud: the man and the cause*, Random House, 1980.

Danto, Elizabeth Ann. *Freud's Free Clinic: Psychoanalysis and Social Justice, 1918-1938*, New York: Columbia University Press, 2005

de Man, Paul. *Allegories of Reading*, Yale University Press, 1982.

Derrida, Jacques. *Mal d'Archive: Une impression freudienne*, Paris: Galilée, 1995. = *Dem Archiv verschrieben eine Freudsche Impression*, Berlin : Brinkmann + Bose, 1997.

——— *The post card: From Socrates to Freud and the beyond*, trans. A. Bass, Chicago: The Chicago University Press, 1980=1987.

Dittrich, Karin A.. "Freud und Jung. Beziehungsdynamik und Bruch in ihrer Bedeutung für die psychoanalytische Bewegung und eine institutionalisierte Psychoanalyse" , in: *Psyche*, 42, 17-43, 1988.

Danto, Elizabeth Ann. *Freud's Free Clinic: Psychoanalysis and Social Justice 1918-1933*, New York: Columbia University Press, 2005.

Ellenberger, Henri F. *The Discovery of the Unconscious: The History and Evolution of Dynamic Psychiatry*, Basic Books, 1970. =『無意識の発見』木村敏・中井久夫監訳、弘文堂、1980年。

——— *OEVRES I: Médicines de l'âme*, Paris: Fayard. 1995. =『エランベルジェ著作集１』中井久夫編訳、みすず書房、1999年。

Erikson, Erik Homburger. "The Dream Specimen of Psychoanalysis", in: *Jounal of the American psychoanalytic Association*, 2, 1955.

Ferenczi, Sándor. *Schriften zur Psychoanalyse*, Bd. I, hrsg. von M. Balint, Frankfurt: Fischer, 1970=1982,

——— *Schriften zur Psychoanalyse*, Bd. II, hrsg. von M. Balint, Frankfurt: Fischer, 1982.

Fichtner, Gerhard hrsg. *Sigmund Freud, Ludwig Binswanger, Briefwechsel, 1908-1938*, Frankfurt: Fischer, 1992.

Freud, Ernest hrsg. *Sigmund Freud/Arnold Zweig Briefwechsel*, Frankfurt: Fischer, 1968.

Breuer. Josef / Freud. Sigmund, *Studie über Hysterie* (1895), GW I. 「ヒステリー研究」『フロイト全集』第2巻、岩波書店。「ヒステリー研究」（上下）金関猛訳、ちくま学芸文庫。

Freud, Sigmund. *Zur Ätiologie der Hysterie* (1896), GW I. 「ヒステリーの病因論のために」全集第3巻。

——— *Entwurf einer Psychologie* (1897), GW Nachtragsband. 「心理学草案」全

集第3巻。

——— *Die Traumdeutung* (1900), GW II, III. 「夢解釈」全集第4，5巻。

——— *Zur Psychopathologie des Alltagslebens* (1901), GW VI. 「日常生活の精神病理学」全集第7巻。

———*Drei Abhandlungen zur Sexuelletheorie* (1905), GW V. 「性理論三篇」全集第6巻。

———*Der Dichter und das Phantasieren*(1908), GW VII. 「詩人と空想」全集第9巻。

——— *Bemerkungen über einen Fall von Zwangsneurose* (1909a), GW VII. 「強迫神経症の一例についての見解」全集第10巻。

———*Über Psychoanalyse. Fünf Vorlesungen* (1909b), GW VIII. 「精子分析について」全集第9巻。

——— *Die zukünftigen Chancen der psychoanalytischen Therapie* (1910a), GW VIII, (11)「精神分析治療の将来の見通し」全集第11巻。

——— *Ein Kindheitserinnerung des Leonardo da Vinci* (1910b), GW VIII. 「レオナルド・ダ・ヴィンチの幼年期の思い出」全集第11巻。

——— *Über die allgemeine Erniedrigung des Liebeslebens* (1912a), GW VIII. 「性愛生活が誰からも貶められることについて」全集第12巻。

——— *Psychoanalytische Bemerkungen über einen Fall von autobiographisch beschriebenen Fall von Paranoia* (1912b), GW VIII. 「自伝的に記述されたパラノイアの一症例に関する精神分析的考察」全集第11巻。

——— *Zur Dynamik der Übertragung* (1912c), GW VIII.「転移の力動性にむけて」全集第12巻。

——— *Ratschläge für den Arzt bei der psychoanalytischen Behandlung* (1912d), GW VIII. 「精神分析的治療に際して医師が注意すべきことども」全集第12巻。

———*Zur Einleitung der Behandlung: Weitere Ratschläge zur Technik der Psychoanalyse I* (1913a), GW VIII. 「治療の開始のために」全集第13巻。

——— *Das Interesse an der Psychoanalyse* (1913b), GW IX. 「精神分析への関心」全集第13巻。

——— *Totem und Tabu* (1913c), GW IX. 「トーテムとタブー」全集第12巻。

——— *Zur Geschichte der psychoanalytischen Bewegungen* (1914a), GW X. 「精神分析運動の歴史のために」全集第13巻。

——— *Erinnern, Wiederholen und Durcharbeiten* (1914b), GW X. 「想起、反復、反芻処理」全集第13巻。

——— *Der Moses des Michelangelo* (1914c), GW X. 「ミケランジェロのモーセ像」全集第13巻。

——— *Triebe und Triebschicksale* (1915a), GW X. 「欲動とその運命」全集第14巻。

——— *Bemerkungen über die Übertragungsliebe Weitere Ratschläge zur Technik der Psychoanalyse III* (1915b), GW X. 「転移性恋愛についての見解」全集第

13巻。

——Vorlesungen zur Vorlesungen zur Einführung in die Psychoanalyse (1917), GW XI. 「精神分析入門講義」全集第15巻。

—— *Wege der psychoanalytischen Therapie* (1919), GW XII. 「精神分析療法への道」全集第16巻。

—— *Das ökonomische Problem des Masochismus* (1924), GW XIII. 「マゾヒズムの経済論的問題」全集第18巻。

—— *Die Verneinung* (1925a), GW XIV. 「否定」全集第19巻。

——"*Selbstdarstellung*" (1925b), GW XIV. 『みずからを語る』全集第18巻。

—— *Frage der Laienanalyse Unterredung mit einem Unparteiischen* (1926), GW XIV. 「素人分析の問題」全集第19巻。

—— *Nachwort zur "Frage der Laienanalyse"*(1927a), GW XIV. 「『素人分析の問題』へのあとがき」全集第19巻。

——*Nachtrag zur Arbeit über den Moses des Michelangelo* (1927b), GW XIV. 「『ミケランジェロのモーセ像』補遺」全集第13巻。

—— *Der Humor* (1927c), GW XIV. 「フモール」全集第19巻。

——*Meine Berührung mit Josef Popper-Lynkeus* (1932), GW XVI. 「ヨーゼフ・ポッパー＝リュンコイスと私の接点」全集第20巻。

——*Neue Folge der Vorlesungen zur Einführung in die Psychoanalyse* (1933) GW XV. 「続・精神分析入門講義」全集第21巻。

—— *Die endliche und die unendliche Analyse* (1934), GW XVI. 「終わりある分析と終わりのない分析」全集第21巻。

—— *Konstruktion in der Analyse* (1937), GW XVI. 「精神分析における構成」全集第21巻。

—— *Der Mann Moses und die monotheistische Religion* (1939), GW XVI. 「モーセという男と一神教」全集第22巻。

Fromm, Erich. *Sigmund Freud's mission: an analysis of his personality and influence*, Gloucester, Mass. : Peter Smith, 1978. =『フロイトの使命』佐治守夫訳、みすず書房、2000。

Gilman, Sander L.. "The Struggle of Psychiatry with Psychoanalysis: Who Won?" in: *The Trial(s) of Psychoanalysis*, ed. F. Meltzer, Chicago/London: The University of Chicago Press, 1987.

—— *Freud, Race and Gender*, Princeton: Princeton University Press, 1993. =『フロイト・人種・ジェンダー』鈴木淑美訳、青土社、1997年。

Ginsburg, Carlo. 『神話・寓意・徴候』竹山博英訳、せりか書房、1988年。

Grosskurth, Phyllis. *The Secret Ring-Freud's Inner Circle and the Politics of Psychoanalysis*, Addison-Wesley Publishing Company, 1991.

Grotjahn, Martin. "The Rundbrief between Sigmund Freud and the Committee During the Years 1920-1924", in: *Annual of Psychoanalysis: a publication of the Chicago Institute for Psychoanalysis*, Chicago, pp.24-39, 1974.

Grubrich-Smitis, Ilse. *Freuds Moses-Studie als Tagestraum: Ein biographischer Essay*, Frankfurt: Fischer, 1994.

G.Wittenberger / C.Tögel. *Die Rundbriefe des " Geheime Komitees"* Bd.1-4, edition diskord, 1999.

Haynal, André, Eva Brabant, Ernst Falzeder, Patrizia Giampieri-Deutsch. *Briefwechsel Sigmund Freud, Sándor Ferenczi*, I/1(1908-1911), I/2(1912-1914), II/1(1915-1916), II/2(1917-1919), III/1(1920-1924), III/2(1925-1933), Wien, Köln, Weimar: Böhlau Verlag, 1993.

Hermann, Imre. *Gustav Theordor Fechner. Eine psychoanalytische Studie über individuelle Bedingtheiten wissenschaftlicher Ideen*, Sonderabdruck asu der "Imago, Zeitschrift für Anwendung der Psychoanalyse auf die Geisteswissenschaften", herausgegeben von Prof. Sigm. Freud, Bd. XI, 1926.

比嘉徹徳「起源における所有と交換——フロイトの『糞学』」長原豊編著『政治経済学の政治哲学的復権：理論の理論的〈臨界 - 外部〉にむけて』法政大学出版局、2011年、167 - 190頁。

Jakobson, Roman / Halle, Moris. *Fundamentals of Language*, The Hague: Mouton, 1956. =ヤコブソン『一般言語学』川本茂雄訳、みすず書房、1973年。

Jones, Ernest. *Papers on Psycho-Analysis*, London: Bailliere, Tindall and Cox, 1923.

——— *The Life and Work of Sigmund Freud*, London: Hogarth Press, (1)1953, (2)1955, (3)1957. =『フロイトの生涯』竹友安彦・藤井治彦訳、紀伊國屋書店。

Jung, Carl Gustav. " Zur gegenwärtigen Lage der Psychotherapie" (1934) in: *Gesamelte Werke X*, Freiburg i.Br. : Walter-Verlag,1974.

——— *Memories, Dreams, Reflections*, ed. by A. Jaffée, New York: Pantheon Books. 1983. =『ユンク自伝』河合隼雄・藤縄昭・出井淑子訳、1972-73年、みすず書房。

Kofman, Sarah. *L'enfancede l'art: une interpretation de l'esthetique freudienne*, Paris: Galilée, 1985.=コフマン『芸術の幼年期——フロイト美学の一解釈』赤羽研三訳、水声社、1993年。

Krüll, Marianne. *Freud und sein Vater: die Entstehung der Psychoanalyse und Freuds ungelöste Vaterbindung*, Münhen: C.H.Beck, 1979.=『フロイトとその父』山下公子、水野節夫訳、思索社、1987年。

Lacan, Jacques. "Le Mythe individuel du névrosé ou poésie et vérité dans la névrose"(1953), *Ornicar?*, n.17-18, Paris: Seuil, 1978.

——— "Situation de la psychanalyse en 1956", in: *Écrits*, Paris: Seuil, 1999.

——— "Psychanalyse et son enseignment"(1957), in: *Écrits*, Paris: Seuil, 1999.

——— "L'instance de la lettre dans l'inconscient"(1966), in: *Écrits*, Paris: Seuil, 1999.

——— *Le Séminaire de Jacques Lacan, Livre XI: Les quatre concepts fondamentaux de la psychanalyse*, Paris: Édition de Seuil, 1964. =『精神分析の四基本概念』

小出・新宮・鈴木・小川訳、岩波書店、2000年。
Lacoue-Labarthe, Phillipe. “Theatrum Analyticum”, trans. R. Vollrath and S. Weber, in: *Glyph*, 2, 1977.
——— *Typography*, ed., Fynsk, Christopher, California: Stanford University Press, 1989.
Laplanche, Jean / Pontalis, J.B. *Vocablaire de la psychanalyse*, 5 édtion, Paris: Presses Universitaires de France, 1967.=『精神分析用語辞典』村上仁監訳、みすず書房、1997年。
Larson, Magali Sarfatti. “The Production of Expertise and Constitution of Expert Power,” in: Haskell, Thomas. eds. *The Authority of experts*: studies in history and theory, University Microfilms International, 1984.
Lyotard, Jean-Francois. “Le travail du Reve ne pense pas,” in: *Revue d'Esthétique*, 21, 1968.
——— “Figure Forclose”, in: *L'écrit du temps*, N5, Paris: Minuit, 1984.
Mahony, Patric J. *Freud and the Ratman*, New Haven and London: Yale University Press, 1986.
——— *Freud as a writer*, International Universities Press, 1982.『フロイトの書き方』北山修監訳、誠信書房、1996年。
Masson, Jeffrey Moussaieff und Michael Schröter, hrsg. *Sigmund Freud Briefe an Wilhelm Fließ 1887-1904*, Frenkfurt: Fischer, 1999.
McGuire. William / Sauerländer. Wolfgang, hrsg., *Sigmund Freud / C. G. Jung Briefwechsel*, Frankfurt: 2001.
Mette, Alexander. “Nietzsches ‚Geburt der Tragödie' in psychoanalytischer Beleuchtung ”, in: *Imago*, 18, S.67-80, 1932.
Nancy, Jean-Luc / Lacoue-Labarthe, Philippe. “Le Peuple Juif ne Réve Pas,” in: *La Psychanalyse est-elle Une Histoire Juive?–colloque de Montpelier*, Edition Seuil, 1981, pp.57-92. ナンシー／ラクー＝ラバルト「ユダヤの民は夢を見ない」藤井麻利訳、『imago』、青土社。
中井久夫『治療文化論』岩波現代文庫、岩波書店、2001年。
Nietzsche, Friedrich. *Die Geburt der Tragödie*(1872), Kritische Studien Ausgabe(1), hrsg von G. Coll u. M. Montinari, Berlin: Deutscher Taschenbuch Verlag de Gruyter, 1988.=『悲劇の誕生』秋山英夫訳、岩波文庫。
岡田温司『フロイトのイタリア』平凡社、2008年。
Obholzer, Karin. *Gespräche mit dem Wolfsmann : eine Psychoanalyse und die Folgen,* Rowohlt, 1980. =『W氏との対話：フロイトの一患者の生涯』、馬場・高砂訳、みすず書房、2001年。
Panofsky, Erwin. *Studies in Iconology: Humanistic Themes in the art of the Renaissance*, New York: Harper & Row, 1961. パノフスキー、エルヴィン『イコノロジー研究』浅野徹他訳、美術出版社、1971年。
Paskauskas, R. Andrew ed. *The Complete Correspondence of Sigmund Freud and*

Ernest Jones 1908-1939, Cambride, Massachusetts, London England: The Belknap Press of Haverd University Press, 1993.

Pfeifer, Ernst hrsg., *Sigmund Freud/Lou Andreas-Salomé. Briefwechsel*, Frankfurt/M: Fischer, 1980.

Prichard. James C. *A treatise on Insanity and other disorders affecting the mind*, New York: Arno Press, 1837.

Rancière, Jacques. *L'Inconscient esthetique*, Paris: Galilée. 2001.＝ランシエール「美学的無意識」『みすず』2004年5月号、堀潤之訳、14-55頁。

Rand, Nicholas / Torok, Maria. "Freuds und Ferenczis Traumforschung: eine Gegenübersetzung", in: *Psyche*, 53(5), 1999.

Rank, Otto. Bericht über die II. private psychoanalytische Vereinigung in Nürnberg am 30. Und 31. März 1910, in: *Jahrbuch für psychoanalytische und psychopathologische Forschung,* Bd.2, 1910.

Reik, Theodor. *Hören mit dem dritten Ohr*, Frankfurt: Dietmar Klotz, 1948=2007.

Robert, Marthe. *D'OEdipe à Moïse: Freud et la conscience juive*, Paris: Calmann-Levy, 1974. =『エディプスからモーゼへ――フロイトのユダヤ人意識』東浩治訳、人文書院、1977年。

Said, Edward W..*Freud and the Non-European*, London: Verso, 2003.=『フロイトと非ヨーロッパ人』長原豊訳、鵜飼哲解説、平凡社、2003年。

Santner, Eric. *My Own Private Germany: Daniel Paul Schreber's Secret Hitory of Modernity*, New Jersey: Princeton University Press, 1996.

——— "Freud's Moses and the Ethic of Nomotropic Desire," in: *October* 88(Spring): 5-41, the MIT Press, 1999.

Schäfer, Peter. *Der Triumph der reinen Geistigkeit*, Philo Verlagsgesellschft GmbH, Berlin/Wien, 2003.

Schiller, Friedrich von. *Die Sendung Moses* (1790), in *Die Hebräischen Mysterien oder die älteste religiöse Freymauerey*, Hrsg. u. kommentiert von Jan Assmann, Mnemosyne, 2001.

Schreber, Daniel Paul. *Denkwürdigkeiten eines Nervenkranken*(1903), Berlin: Kulturverlag Kadmos, 2003. =『シュレーバー回想録』尾川浩・金関猛訳、平凡社、2002年.

Schröter, Michael. "Freuds Komitee 1912-1914. Ein Beitrag zum Verständnis psychoanalytischer Gruppenbildung ", in: *Psyche*, S.513-563, 1995.

Sweles, Peter. "Freud, Fliess, and Fratricide: The role of Fliess in Freud's conception of paranoia" , in: ed. by Laurence Spurling, *Sigmund Freud: Critical Assessments, Volume 1: Freud and Origins of Psychoanalysis*, London and New York: Routledge, 1989.

十川幸司『精神分析への抵抗――ジャック・ラカンの経験と論理』青土社、2000年。

Trotter, David. *Paranoid Modernism: Literary Experiment, Psychosis and the*

Professionalization of English Society, Oxford, 2001.

Thode, Henry. *Michelangelo : kritische Untersuchungen über seine Werke*, Berlin : G. Grote'sche Verlagsbuchhandlung, 1908-1912.

Turnheim, Michael. „Über die innere Spaltung der Freudschen Geste und die Frage der Rückkehr, “ in: *Freudlose Psychoanalyse*, Wien: Turia + Kant, 2007.

鵜飼哲『主権のかなたで』岩波書店、2008年。

Weber, Samuel. *The Legend of Freud*, California: Stanford University Press, 1982=2000.

——— *Targets of Opportunity*, New York: Fordham University Press, 2005.

Weimer, Martin. „Psychoanalyse als/und Organisation, in: *Psyche* (53), 1999.

Weiss-Rosmarin, Trude. *The Hebrew Moses: An Answer to Sigmund Freud*, New York: The Jewish Book Club, 1939.

White, Haydon. *Figural Realism: Studies in Mimesis Effect*, The Johns Hopkins University Press, 1999.

Winter, Sarah. *Freud and the Institution of Psychoanalytic Knowledge*, Stanford: Stanford University Press, 1999.

Wittenberger, Gerhard. Die Geschichte des "Geheimen Komitees" . Psychoanalyse im Institutionalisierungsprozeß, in: *Psyche*, 42: 44-52, 1988.

——— *Das "Geheime Komitee" Sigmund Freuds: Institutionalisierungsprozeß in der Psychoanalytischen Bewegung zwischen*
1912-1927, Tübingen: edition diskord, 1995.

Wittenberger, Gerhard und Christfried Tögel hrsg. *Die Rundbriefe des "Geheimen Komitees"*, Bd. 1(1913-1920), Bd. 2(1921), Bd. 3(1922), Bd. 4(1923-1927), Tübingen: edition diskord, 1999-2006.

Yerushalmi, Yosef. *Freud's Moses: Judaism Terminable and Interminable*, New Haven: Yale University Press, 1991.

Zaretsky, Eli. *Secrets of the Soul: A Social and Cultural History of Psychoanalysis*, New York: Vintage Books, 2005.

比嘉 徹徳（ひが・てつのり）

一橋大学大学院言語社会研究科特別研究員．専攻：精神分析，思想史．

1973 年沖縄県那覇市生まれ．法政大学社会学部卒業．一橋大学大学院言語社会研究科博士課程修了．博士（学術）．

共著に『政治経済学の政治哲学的復権』（法政大学出版局，2011 年）．
共訳書に C. ドゥズィーナス、S. ジジェク編著『共産主義の理念』（水声社，2012 年）など．

フロイトの情熱　精神分析運動と芸術

2012 年 11 月 25 日　　初版第 1 刷発行

著 者　比 嘉 徹 徳
装 幀　川 邉 雄（RLL）
発行者　勝 股 光 政
発行所　以 文 社
〒 101-0051　東京都千代田区神田神保町 2-7
TEL 03-6272-6537　　FAX 03-6272-6538
http://www.ibunsha.co.jp
印刷・製本：シナノ書籍印刷

ISBN978-4-7531-0307-2

―――――― 既刊書から

〈帝国〉――グローバル化の世界秩序とマルチチュードの可能性

グローバル化による国民国家の衰退と，生政治的な社会的現実のなかから立ち現れてきた〈帝国〉．壁の崩壊と湾岸戦争以後の新しい世界秩序再編成の展望と課題を示す．

アントニオ・ネグリ＆マイケル・ハート

水嶋一憲・酒井隆史・浜邦彦・吉田俊実訳　　A 5 判 600 頁・定価 5880 円

レイシズム・スタディーズ序説

人種主義《レイシズム》が立ち現れる現場は，ある社会的な関係が人体の特徴などを通して反照し，私と他者の自己画定《アイデンティティ》を同時に限定するときである．不透明化する現代を読む壮大な試み．

鵜飼哲・酒井直樹・テッサ・モーリス=スズキ・李孝徳　　四六判 320 頁・定価 2940 円

フクシマの後で――破局・技術・民主主義

人間が制御できないまでに肥大化した技術的・社会的・経済的な相互依存の複雑性を〈一般的等価性〉という原則から考察した，現代哲学界の第一人者による文明論的布置．

ジャン=リュック・ナンシー　渡名喜庸哲訳　　四六判 208 頁・定価 2520 円

無為の共同体――哲学を問い直す分有の思考

共同性を編み上げるのは何か？　神話か，歴史か，あるいは文学なのか？　あらゆる歴史＝物語論を超えて，世界のあり方を根元的に問う，存在の複数性の論理！

ジャン=リュック・ナンシー　西谷修・安原伸一朗訳　　A 5 判 304 頁・定価 3675 円

同一性の謎――知ることと主体の闇

人間自身の未知なる秘密を出発点に，科学や経済を陰で支える〈法〉メカニズムを明るみにし，西洋的制度の核心に迫る．若者達に向けて語った「ドグマ人類学」格好の入門書．

ピエール・ルジャンドル　橋本一径訳　　四六判 128 頁・定価 2310 円

西洋をエンジン・テストする――キリスト教的制度空間とその分裂

「話す動物」としての人類の組織化原理から，隠された〈法〉のメカニズムを解明．キリスト教の抱えた「分裂」が，今日の効率性中心のグローバル支配の淵源にあることを論証する．

ピエール・ルジャンドル　森元庸介訳　　四六判 200 頁・定価 2625 円

人権の彼方に——政治哲学ノート

スペクタクルな現代政治の隠れた母型を暴き，フーコー以後の〈生政治〉を展開.

解題：「例外状態」と「剥き出しの生」（西谷修）

ジョルジョ・アガンベン　高桑和巳訳　A 5判 176頁・定価 2520円

ホモ・サケル——主権権力と剥き出しの生

アーレントの〈全体主義〉とフーコーの〈生政治〉の成果をふまえ，主権についての透徹した考察から近代民主主義の政治空間の隠れた母型を明かす，画期的な政治哲学.

解題：閾からの思考——ジョルジョ・アガンベンと政治哲学の現在（上村忠男）

ジョルジョ・アガンベン　高桑和巳訳　A 5判 288頁・定価 3675円

国家とはなにか

国家が存在し，活動する固有の原理とはなにか？ 既成の国家観を根底から覆し，歴史を貫くパースペクティヴを開示する暴力の歴史の哲学．新進気鋭の思想家による書き下ろし.

萱野稔人　四六判 296頁・定価 2730円

3・12 の思想

3.11 ではなく 3.12 の話をしよう．2011 年 3 月 12 日に起きた福島原発爆発は，今後われわれの自然（身体），社会，精神に何をもたらすのか．放射能拡散後の世界に警鐘を鳴らす.

矢部史郎　四六判 160頁・定価 1680円

原子力都市

2011年3月11日のまさに一年前に出版された予言の書．「鉄の時代」の次にあらわれる，より酷薄な「原子力の時代」とはなにか．著者自らの足で日本の都市を訪ね歩き核心を抉る.

矢部史郎　四六判 192頁・定価 1680円

民主主義は，いま？——不可能な問いへの８つの思想的介入

「民主主義」という，冷戦の終結およびグローバリゼーションの発展以降，急速に規定困難化した政治的概念をめぐり，現代を代表する思想家８人がその「不可能性の可能性」を探る.

J・アガンベン，A・バディウ，D・ベンサイード，W・ブラウン，J=L・ナンシー，J・ランシエール，K・ロス，S・ジジェク　河村一郎ほか訳

四六判 232頁・定価 2625円